高等院校**电子商务类**
新形态系列教材

U0742591

直播电商
理论、案例与实训

微课版 第2版

余以胜 林喜德 林少华◎主编

刘芷欣 伍炜勤 邹剑文◎副主编

Electronic

Commerce

人民邮电出版社
北京

图书在版编目（CIP）数据

直播电商 : 理论、案例与实训 : 微课版 / 余以胜，
林喜德，林少华主编. -- 2版. -- 北京 : 人民邮电出版
社，2025. --（高等院校电子商务类新形态系列教材）.
ISBN 978-7-115-65174-7

Ⅰ. F713.365.2

中国国家版本馆 CIP 数据核字第 20246MM147 号

内 容 提 要

本书以直播电商的整体运营流程为线索，通过知识讲解和案例分析，帮助读者快速掌握直播电商的
筹备、运作、实施和改进的方法与技巧。本书共 8 章，主要介绍了直播电商概述与认知、直播电商人才
岗位结构、直播电商的筹划与准备、直播电商的策略与运作、直播电商的实施与执行、直播电商运营数
据分析、直播电商的风险与防范、直播电商平台案例分析等内容，内容深入浅出、通俗易懂、易于读者
学习。

本书提供电子课件、教学大纲、教案、习题答案、模拟试卷等配套资源，用书教师可前往人邮教育
社区（www.ryjiaoyu.com）下载使用。

本书既可作为本科或高职院校电子商务、市场营销等专业的教材，也可作为直播电商从业人员的参
考书。

◆ 主　　编　余以胜　林喜德　林少华
　　副 主 编　刘芷欣　伍炜勤　邹剑文
　　责任编辑　陆冠彤
　　责任印制　陈　犇

◆ 人民邮电出版社出版发行　　北京市丰台区成寿寺路 11 号
　　邮编　100164　电子邮件　315@ptpress.com.cn
　　网址　https://www.ptpress.com.cn
　　涿州市京南印刷厂印刷

◆ 开本：787×1092　1/16
　　印张：10.25　　　　　　　　2025 年 4 月第 2 版
　　字数：210 千字　　　　　　 2025 年 9 月河北第 3 次印刷

定价：49.80 元

读者服务热线：(010)81055256　印装质量热线：(010)81055316
反盗版热线：(010)81055315

党的二十大报告指出："加快发展数字经济，促进数字经济和实体经济深度融合，打造具有国际竞争力的数字产业集群。"

作为数字经济的重要组成部分，直播电商于 2016 年兴起，2019 年得到快速发展，2023 年以来，直播电商以实时、互动、快捷等特点，有效地弥补了传统电商的不足，加快了传统电商的转型和升级。为了更好地总结直播电商的发展经验，编者特编写了本书，以期指导各类院校和企业更好地培养直播电商人才。

本书在介绍直播电商基本知识的基础上，以帮助读者掌握直播电商运营的步骤和技能为目标，全面系统地介绍了直播电商筹备、运作、实施和改进的全过程，并介绍了直播电商相关岗位的职责与技能、直播电商的风险与防范等内容，可以有效帮助读者提高直播电商运营的能力。

本书的特色如下。

（1）结构新颖，趣味性强。本书结构新颖，针对每章的具体内容与特点，精心安排了学习目标、引例、归纳与提升、名词解释、复习思考题、场景实训等模块，有利于提高读者的学习兴趣。

（2）注重实操，应用性强。本书以详细、直观的方式，逐步指导读者掌握直播电商的筹备、运作、实施和改进的实操过程，逻辑清晰，流程合理，便于读者提高实操技能。

（3）理论与实践结合，实用性强。本书理论与实践并重，不仅详细介绍了直播电商的基础理论知识、技巧和方法，还配以大量 AIGC 案例与实训，加深读者对直播电商运营的理解，帮助读者掌握新技术在直播电商中的使用方法。

本书提供电子课件、教学大纲、教案、习题答案、模拟试卷等配套资源，用书教师可前往人邮教育社区（www.ryjiaoyu.com）下载使用。

前 言

本书由余以胜、林喜德、林少华担任主编，刘芷欣、伍炜勤、邹剑文担任副主编，其中余以胜、林喜德对本书的框架结构进行了总体策划，并负责统稿和定稿工作。伍炜勤编写第 1 章，林少华编写第 2 章，刘芷欣、邹剑文编写第 3 章和第 4 章，余以胜编写第 5 章至第 7 章，唐蒙编写第 8 章。另外，南京航天管理干部学院的李昕远、周威在本书的编写过程中提出了宝贵的修改意见，华南师范大学的曾灵与任柯瑶进行了资料收集、整理和校对等工作。

由于编者水平有限，书中难免存在疏漏之处。编者由衷地希望广大读者能够提出宝贵的修改建议，修改建议可直接发至编者的电子邮箱：359239030@qq.com。

编　者

2025 年 3 月

目录

目 录

目录

目录

第 1 章
直播电商概述与认知

学习目标

➤ 了解网络直播的发展历程
➤ 理解直播电商的商业价值
➤ 掌握直播电商的产业链
➤ 了解常见的直播电商平台

引例

蘑菇街：中国直播电商的先行者

进入互联网时代，尤其是数据时代之后，中国市场的创新活力主要体现在应用层。其标志性产品"移动互联网新四大发明"是指移动支付、外卖、短视频和直播电商。

2016 年被公认为直播元年。那一年，国内接连涌现了 300 多家网络直播平台，直播用户数也快速增长。蘑菇街成立于 2011 年，最初是一个电商搜索工具，而后转型成为消费社区。之后蘑菇街逐渐转型为时尚买手平台，专注于为女性消费者服务，推出了很多玩法，当绝大多数资本都专注于游戏直播的时候，蘑菇街第一个吃螃蟹，把直播引入了电商领域。2016 年 3 月，蘑菇街直播功能（见图 1-1）上线。由此，蘑菇街逐渐成了一个"直播 + 内容 + 电商"平台。

图 1-1　蘑菇街直播

在蘑菇街开通直播功能2个月后，淘宝也开通了直播功能。

5月，淘宝开通直播功能的第一个月，第一场直播只有200个观众，但是4个月后，一场直播促成了1亿元的成交额。

6月，聚划算与韩后、春纪、美康粉黛、珀莱雅、植美村、韩熙贞六大化妆品商家在Bilibili（简称"B站"）策划了一场主题为"我就是爱妆"的直播。

2016—2020年，是直播电商飞速发展的五年，各平台直播开设时间如图1-2所示。

类型	平台	直播开设时间	类型	平台	直播开设时间
电商平台	蘑菇街	2016年3月	直播平台	斗鱼	2014年1月
	淘宝	2016年5月		快手	2016年3月
	京东	2016年11月		抖音	2017年12月
	网易考拉	2019年8月		微信	2020年2月
	拼多多	2019年11月			
	唯品会	2022年6月			

图1-2　各平台直播开设时间

思考题

1. 直播电商起源于哪个平台？

2. 直播电商与传统电商的区别是什么？

本章的主要内容是直播电商概述与认知，主要介绍直播电商概述、直播电商的产业链和直播电商平台的分析等。

1.1　直播电商概述

消费作为持续拉动经济增长的第一引擎，作用日趋凸显，消费意愿的持续释放越来越重要。消费者在消费意愿持续提升的同时，消费逻辑也在升级，也就是所谓的"消费升级"。直播电商是品牌应对消费升级的必经之路。本节将介绍直播电商的基础知识，包括网络直播的发展历程、直播电商的内涵、直播电商的发展和商业价值，让读者对直播电商有初步的理解。

1.1.1　网络直播的发展历程

网络直播的发展经历了3个阶段（见图1-3）：第1阶段是以娱乐为主的秀场模式，

其变现形式单一，以用户打赏为主；第 2 阶段是以"宠粉"为主的互动模式，也就是所谓的"老铁经济"，在这种模式下，主播基于粉丝关注、信任和互动推荐产品，促成交易；第 3 阶段是以推荐为主的带货模式。主播直接向用户推荐产品以促成交易。

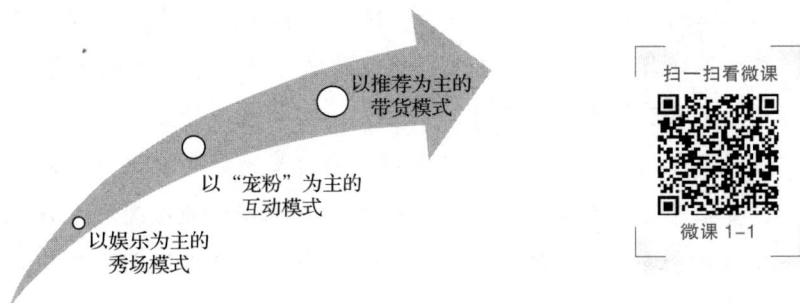

扫一扫看微课

微课 1-1

图 1-3　网络直播的发展阶段

第 1 阶段：以娱乐为主的秀场模式

秀场直播最初于 2005 年在国内出现，原型为网络视频聊天室，2009 年后逐渐转变为以娱乐为核心的秀场模式。秀场模式以才艺表演为主、聊天为辅，其内容早期以唱歌、跳舞等形式为主，后期发展为脱口秀等表演方式，以六间房等直播平台为代表。其因起步较早，是网络直播最早发展的类型，运营模式相对成熟。

秀场直播参与门槛较低，内容同质化程度较高，其变现形式单一，以用户打赏为主，这限制了秀场模式的发展。但秀场模式发展到今天，依然有一定的活跃度，并且随着移动通信设备的普及，秀场模式打破了原来空间上的界限，其直播地点不再局限于房间，这增加了直播的趣味性，也使内容更加多元化。

第 2 阶段：以"宠粉"为主的互动模式

在网络直播中，以"宠粉"为主的互动模式比秀场模式更接地气，是基于强社交信任关系驱动的直播模式。主播一般有一定的粉丝基础，私域流量控制力较强，在直播中直接展示商品。互动模式的场景更加日常化，也更加亲民，被称作"老铁经济"，这种模式起源于快手平台。

在传统零售和电商的消费过程中，消费者往往直奔"货"去，通过搜索达成购买行为。而在直播电商的互动模式中，"人"不仅是基于买卖关系的消费者，更是基于社交而产生的具有一定黏性的"用户"，卖家也从单纯的销售员，变成带货达人。

以"宠粉"为主的互动模式是网络直播发展的第 2 阶段，其由强社交信任关系驱动，主播基于粉丝的关注、信任和互动，推荐产品。这种模式对粉丝质量与私域流量控制力要求较高，后来出现了面向公域流量的以推荐为主的带货模式，这种模式也就是现阶段的"直播带货"。

课间案例

"Miss 小猫"凭"宠粉"收获忠实粉丝，快手带货单月破千万元

"Miss 小猫"是位"80 后"独立原创服装设计师，从事服装行业以来，始终坚持自主设计每一件衣服，而其凭借独特的品位积累了大批忠实粉丝。

相比于其他休闲服饰，"Miss 小猫"设计的服饰风格比较小众。出于热爱，她始终只卖自己风格的服装。她坚持成熟、知性的女装风格，从选面料、设计、打版，到出货拍照再到直播，几乎参与全部工作环节。她在面料上精挑细选，为了给每一款产品选到合适的高品质面料，"Miss 小猫"从国内外购买了许多面料，仅仓库里囤积的面料价值就高达千万元。新品展示也是"Miss 小猫"十分看重的环节，为了给粉丝呈现最好的试穿效果，"Miss 小猫"甚至会带团队到国外拍摄上新视频，让自己设计的每一件衣服都得到最恰当的展示。也正因为小众的风格和较高客单价，"Miss 小猫"几年来积累了一大批中高端顾客，她们年龄主要集中在 25 ～ 50 岁，偏爱成熟、知性风格。这些粉丝有很强的购买力，因此复购率很高。

2018 年至今，"Miss 小猫"以快手为线上销售主要平台，借助前期积累的直播经验，在快手上积累了几十万个高黏性粉丝，而其高客单价的原创小众设计服饰，也帮助她创下单月破千万元的销售业绩。

第 3 阶段：以推荐为主的带货模式

带货模式指的是主播以达人的身份，通过直播形式推荐产品并最终达成交易的电商形式。与传统电商相比，直播电商带货模式具有去中心化、强标签化、强互动性等特点。

在带货模式中，达人主播凭借具有某个领域的专业知识，逐步从垂直化产品销售发展到全品牌产品的销售。达人主播消费影响力的形成遵循一个路径模型，图 1-4 所示为达人带货模式路径模型。

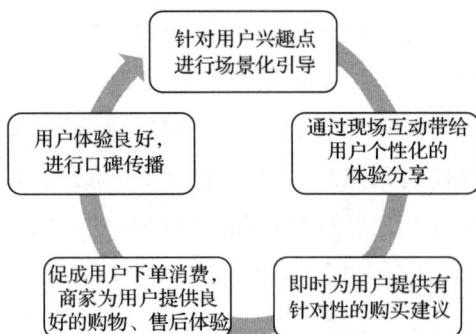

图 1-4　达人带货模式路径模型

（1）达人主播基于专业知识，针对用户的兴趣点，进行场景化引导。

（2）通过用户的评价反馈与现场互动，为用户带来更加专业、个性化的体验分享。

（3）利用直播的即时反馈特性，现场为用户提供建议并发放促销优惠，为用户提供有针对性的购买建议。

（4）促成用户下单消费，商家通过优质的产品与贴心的服务，为用户提供良好的购物、售后体验。

（5）用户有了良好的体验，便会对品牌进行口碑传播。

以推荐为主的带货模式，也就是现阶段所指的"直播带货"。目前直播带货平台以淘宝、快手、抖音为主，京东、拼多多、有赞等电商平台也开始涉及直播带货业务。

1.1.2 直播电商的内涵

在"直播＋"全面发展的背景下，网络直播呈现多元化发展态势，而直播电商就是来源于网络直播的一种应用模式。

扫一扫看微课

微课 1-2

1. 直播电商的定义

作为一个新兴领域，业界和学术界对直播电商有不同的定义。中国消费者协会认为，"直播电商"是一个广义的概念，直播者通过网络直播平台或直播软件来推销相关商品，使受众了解商品各项性能，从而购买商品的交易行为，可以统称为直播电商。还有学者认为，直播电商是电商企业平台推出的，以直播形式销售商品，以高互动性、娱乐性、真实性和可视性为特点，以优化消费者购物体验为目的的营销模式。

笔者认为，直播电商是电子商务的衍生模式，是在电子商务环境下使用直播媒介，以促进商品或服务的购买与销售的一种商务模式。需要注意的是，直播电商有着区别于传统电子商务的商业逻辑，并不是直播媒介和电子商务的简单叠加。

2. 直播电商的本质

商业的发展本质是重构"人、货、场"3 个核心要素的关系，所谓"人、货、场"，也就是消费者、商品、连接消费者与商品的渠道。目前在零售业的发展过程中，传统线下商业、传统电商和直播电商有着不同的关注焦点，分别是"以场为本""以货为本""以人为本"，如图 1-5 所示。

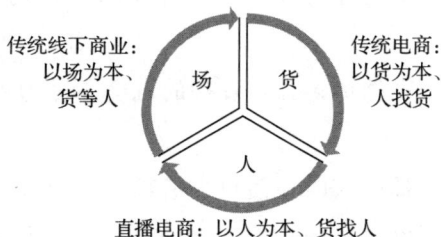

传统线下商业：
以场为本、
货等人

场　货

人

传统电商：
以货为本、
人找货

直播电商：以人为本、货找人

图 1-5 "人、货、场"3 个核心要素

（1）以场为本：传统线下商业的经营模式是"货等人"，"场"是整个业务关系的核心，所以大型的综合商超，如一站式购物的苏宁、国美等电器城，都是在主流的商圈营造整个消费场景，在"场"内布置满满的"货"，等"人"来完成消费。

（2）以货为本：传统电商的经营模式是"人找货"，"货"是整个业务关系的核心。得益于互联网的高信息传递效率，一个网站就可以完成几乎所有商品的上架，此时，"人"的消费大多带有明确的目的，在代表"场"的电商平台中通过搜索完成对"货"的消费。

（3）以人为本：直播电商的经营模式是"货找人"，"人"是直播电商业务关系中的核心。直播既要能满足"货"的动态化展示，使直播真实有效，又要能实现主播的人设经营，提高用户的信任度，最终让用户变成主播的粉丝。直播转化的关键在于经营"人"，精准匹配粉丝的喜好和需求，因此是典型的"货找人"，也就是主播依据用户的喜好和需求向其精准地推荐商品，缩短和降低用户购物决策的时间和难度。

"以人为本"的"人"有两个含义：第一个是直播电商中的主播；第二个是直播电商中的消费者。主播要不断输出内容，让消费者认可并成为其粉丝，才有可能进一步了解粉丝的需求，实现商品的精准推荐。在直播电商中，主播并不是帮品牌商卖商品，而是为用户推荐商品。

当"人、货、场"的商业关系以"人"为核心的时候，直播电商的逻辑就不是传统的电商逻辑。直播电商并不是电商的简单升级，不能单纯地把直播当成电商的新渠道。直播电商提供给企业另一种经营品牌的路径。借助直播的高效率，企业一方面可以提高渠道效率和销售转化效率，另一方面可以通过经营主播人设，积累粉丝和销售商品，进而实现品牌的建设。

3．直播电商的特性

直播电商借助直播媒介开展电子商务活动，具有实时性、真实性、直观性、互动性和精准性五大特征。

（1）实时性。借助电商直播平台，主播能够实时与用户分享自己的生活日常，除了输出话语、表情、动作，还可将自身所处的环境、场合、氛围等附加信息一并传递给用户，这类动态化的内容对信息的包容度更高，更适合进行信息的传递。与此同时，用户也可以通过评论的方式与主播进行实时交流互动，主播能够在看到评论的第一时间做出回应。

直播信息的实时输出给了主播更多临场发挥的机会，也为用户提供了一种开放性、场景化的对话方式。

（2）真实性。一方面，直播的实时性使得主播难以"调试"自己，主播的举动都实时展现在用户面前，大大降低了网络的虚拟感，让用户获得较为真实的体验。另一方面，在观看直播的过程中，用户可以就商品的相关问题与主播进行实时互动，主动向主播咨询和获取商品的有效信息。

直播可以有效传递真实的商品信息，而用户对真实信息的依赖将转化为对平台和主播的信任。对于商家来说，获得用户的信任能增加商品的回购率以及实现商品的口碑传播。

（3）直观性。区别于传统电商平台上的文字和图片，在直播过程中主播能够对商品进行全方位的展示。主播不但可以将商品的设计细节更加直观地呈现给用户，还可以对商品的使用方法和技巧进行示范，让用户在了解商品的同时也可以掌握一些商品的使用技能。

例如，在服装类商品直播过程中，主播会在直播间标注自己的真实身高、体重、三围等身体数据，之后对衣服进行试穿。用户依据主播的数据以及试穿效果，就能对衣服的信息有直观的认知。直播让用户直观地获取商品信息，提升用户的信任感和体验感。

（4）互动性。与传统的商品展示相比，直播电商具有很强的互动性。在直播的过程中，弹幕是非常重要的交流工具。用户在发送弹幕时，除了与主播进行实时互动，也可以与其他用户进行实时互动，弹幕成为用户与主播、用户与用户之间沟通的桥梁，从而营造了一种聚众观看直播的氛围，满足了用户的陪伴需求和社交需求。

电商直播的这种双向互动，不仅让用户在接收信息时有更多的参与感和发言机会，满足了用户的支配需要，也可以使他们与那些有相似观点或意见一致的人进行互动，满足了用户的社交需求和认同需要。

（5）精准性。面对互联网上的海量信息，用户难以识别信息的有效性，而直播电商能够针对用户进行精准的内容传播，传播的内容对用户来说是有用的精准信息。进入直播间的用户是对商品感兴趣的目标用户，直播电商聚集了有共同购买意愿的人群，因此具有很高的转化率。

用户接触直播电商带有购物的目的，通过与主播的多次互动会表现出对某一特定商品的兴趣，此时主播就能精准把握用户的需求。主播通过对用户疑问的解答和多次商品展示，可加深用户对商品的认知，精准提供对用户有用的信息，易于完成商品的销售。

1.1.3　直播电商的发展

直播电商自 2016 年兴起，于 2019 年全面快速发展，通过分析其发展历程、发展模式与发展动因，可以对直播电商有更清晰的了解。

1. 直播电商的发展历程

2016 年，直播电商初步兴起，淘宝、蘑菇街、京东等电商平台率先探索直播电商模式。2017 年，淘宝直播达人涌现，许多知名主播抓住了直播电商的风口，成了行业的标杆。

2018 年，直播平台、MCN（Multi-Channel Network，多频道网络）机构和主播等产业链各环节快速成长，并开始向精细化运营方向发展。2019 年，直播电商全面进入爆发期，腾讯、小红书、拼多多纷纷进行直播电商的尝试。直播电商的发展历程如图 1-6 所示。

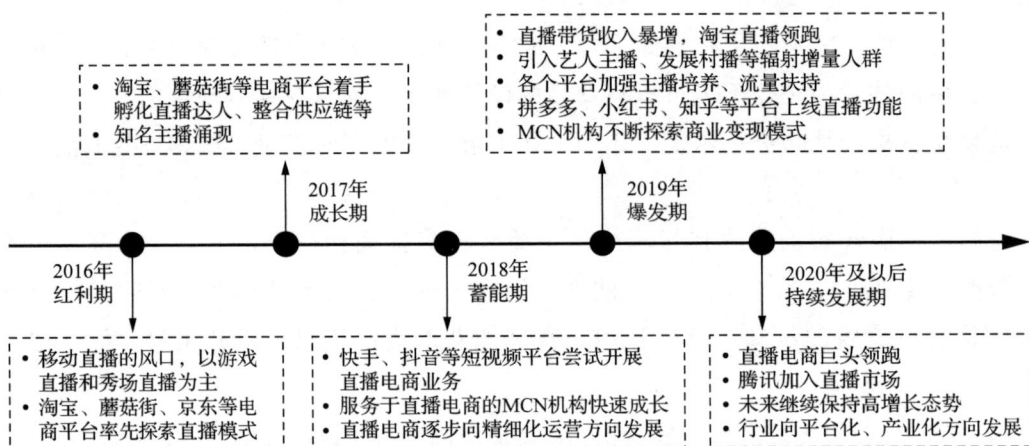

图 1-6　直播电商的发展历程

2. 直播电商的发展模式

直播为电商注入新的发展动能，淘宝、快手、抖音、拼多多等平台开拓直播电商渠道，直播电商的发展模式主要有两种：一种是电商平台增加直播模块，探索电商内容化，通过直播增加电商平台流量，如淘宝、拼多多、京东等；另一种是内容平台增加电商模块，探索内容电商化，为已有流量变现，如快手、抖音等。图 1-7 所示为直播电商的两种发展模式。

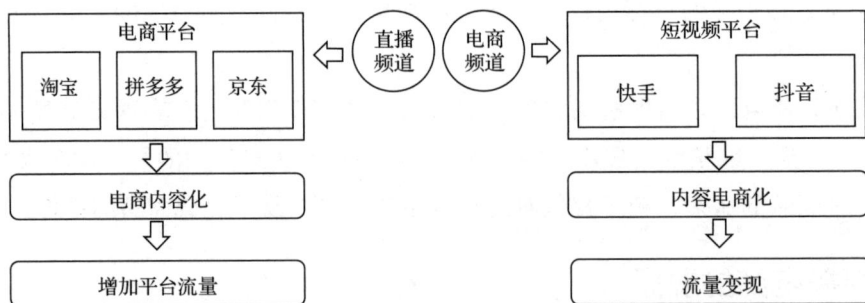

图 1-7　直播电商的两种发展模式

3. 直播电商的发展动因

直播电商发展至今，经历了红利期、成长期、蓄能期、爆发期等，其发展动因主要有以下六个。

（1）优化用户体验的必然趋势。从传统电商的自助搜索到直播电商的实时导购，直播电商赋予了购物的即时性，增强了互动性。主播利用自己的专业知识帮用户挑选好的商品，为用户节省购物时间，并使用户以优惠的价格购得商品，进而优化用户整体的购物体验。

（2）电商平台流量红利趋弱。由于网购用户数量增速降低，用户花在移动购物上的时间占比减少，传统电商平台需要通过社交内容化去解决用户黏性低、留存难的难题。"直播＋电商"是解决上述问题的一个新途径，是未来流量红利的主要聚集点。

（3）内容平台新商业变现模式。以抖音、快手为代表的短视频、直播平台迅速发展，对移动互联网时代的用户具有巨大的吸引力。除广告和打赏外，流量转向电商变现，是短视频、直播平台等内容平台的新商业变现模式探索。

（4）5G 等新一代信息技术奠定基础。随着 5G 手机、5G 基础设施的建设和普及，AR/VR 技术的发展，直播电商这种新的消费模式兴起并不断升级。5G 高带宽、低延时、广连接的三大特性使直播体验得到极大的改善，由于带宽的增加，用户的视觉体验感增强，而低延时和广连接则大大提升了用户的参与感。后续品牌商还会根据 5G 的特性开发新的内容和玩法，5G 将在直播行业占据重要地位。

（5）完善的供应链助力直播电商发展。直播电商其实早已出现，而在 2019 年迎来快速发展得益于传统供应链效率的极大提升。主播不需要解决采购、生产、仓储物流等一系列问题，只需要将直播间所产生的订单发给商家，这打通了上、中、下游的全产业链，将直播电商的影响力发挥到极致。

（6）线上娱乐和购物次数增多，直播电商行业得到了迅速发展。另外，市场格局逐渐发生重大变化，线下业务转型到线上业务的趋势逐渐明显，发展被迫放缓的线下市场逐渐发现，直播可以带来巨大的流量。

4. AI 对直播电商影响

随着科技的飞速发展，AI（Artificial Intelligence，人工智能）数字人直播正成为电商领域的新宠。它凭借 24 小时不间断直播、低成本、高效率等优势，为电商行业带来前所未有的机遇。下面将简要介绍 AI 数字人直播的优点，以及它将如何重塑电商直播的未来。

（1）全天候服务，满足消费者需求。AI 数字人直播的最大亮点在于其 24 小时不间断直播。在快节奏的现代社会，消费者对购物的便利有着极强的需求。AI 数字人直播恰好满足了这一需求，为消费者提供全天候的服务。无论是在白天还是夜晚，消费者可以随时进入直播间挑选商品，大大提高了购物的便捷性。

（2）降低成本，提高效率。相较于传统的真人直播，AI 数字人直播无须真人主播，节省了大量人力成本。商家只需提前设置好直播内容和互动环节，即可轻松实现全天候直播，极大地提高了工作效率。同时，AI 数字人直播还可以根据消费者的购买行为和兴趣偏好，精准推送商品和营销信息，提高转化率，进一步提升电商效益。

（3）个性化定制，塑造品牌形象。AI 数字人直播不仅具备全天候服务和低成本、高效率等优势，还可以根据商家的品牌形象和商品特点进行定制。从形象、声音到动作，商家可以根据自己的品牌风格对 AI 数字人进行细致的调整，使直播内容更加符合品牌定位，提升消费者对品牌的认知度和忠诚度。

（4）技术驱动，创新无限。AI 数字人直播是技术驱动的产物，其核心在于 AI 和 VR 技术的不断进步。随着技术的不断创新和完善，AI 数字人直播的功能和表现力将得到进一步提升。从实时互动到虚拟试衣间，从智能推荐到个性化定制，AI 数字人直播将带来更多前所未有的创新服务。

总的来说，AI 数字人直播作为电商直播的新趋势和创新力量，正为电商行业带来前所未有的机遇和价值。未来，随着技术的不断进步和应用的日益广泛，AI 数字人直播有望成为电商领域的主流形式，引领电商行业迈向新的发展高峰。

1.1.4　直播电商的商业价值

直播不但可以帮助企业高效获取精准用户，而且可以有效提高销售效率。直播电商有着独特的商业价值。

1. 直播已成为企业建设品牌的有效路径

随着新媒体营销时代的到来，视频化成为主流，用户的阅读和消费习惯已发生变化。随着 Wi-Fi 的普及、宽带费用的下降，丰富且生动的直播、短视频获得更多用户的青睐，用户更愿意通过直播、短视频来了解和获取更多的信息。

在"媒体视频化"的趋势下，直播替代传统的录像、图文记录，成为更多企业的选择。在直播页添加企业产品信息、活动图文介绍、视频等资料，不但能够让用户与企业实时对话，而且也加深了用户对企业品牌的印象。直播已成为企业建设品牌的必要路径。

2. 直播可帮助企业高效获取精准用户

企业品牌营销的目的是发现或挖掘用户需求，让用户了解企业的产品，并最终形成用户消费黏性。直播帮助企业高效获取精准用户的途径如下。

（1）通过达人获取精准客群。达人是营销学上的概念，通常被定义为：拥有更多、更准确的产品信息，且为相关群体所接受或信任，并对该群体的购买行为有较大影响力的人。

直播是主播作为达人以其品位、知识为主导，进行产品推荐和知识推广，在社交媒体上聚集人气，依托庞大的粉丝群体进行精准营销，从而将粉丝转化为购买力的过程。

在广度上，主播借助其在粉丝中的影响力，帮助企业扩大产品的客群覆盖范围，帮助企业品牌产品实现"获客拉新"。

在精度上，不同主播凭借独特的个性特征拥有不同的粉丝群体，企业通过与合适的主播合作，并设计针对性的营销内容，能够更加精准地实现客群营销。

（2）直播 IP 的打造和积累。IP 其实就是知识产权（Intellectual Property），是文化积累到一定量级后所输出的精华，具备完整的世界观、价值观以及粉丝群，能与人们产生文化与情感上的共鸣。

企业打造 IP，通俗来说就是打造有影响力的个人或品牌。在直播过程中，用户对产品的转化动力，更多来自对主播的信任。优秀的主播最终几乎都会走向 IP 化的道路，直播帮助企业建立起来的主播人设 IP，就是企业所拥有的品牌资产，可帮助企业完成精准用户的获取。

3．直播可有效提高企业销售效率

对企业而言，直播工具由于实时性强、内容互动性强、粉丝黏性强的优势，不仅能为企业带来粉丝量级的增长，还是高效的变现渠道。

（1）直播可有效提高企业渠道效率，加强与消费者的沟通。产品销售是直播电商的最终目的，高效率的供应链也是企业的重要竞争优势。从供应链搭建的过程来看（见图 1-8），速度是提高渠道效率的基础，正确的信息是实现渠道高效率的保障。与传统电商相比，企业可以直接通过主播触达消费者，减少了中间环节和成本，并能够借助主播与消费者强化互动，更好地了解消费者真实的诉求，通过缩短供应链，简化渠道与人的相互作用，有效提高渠道效率。

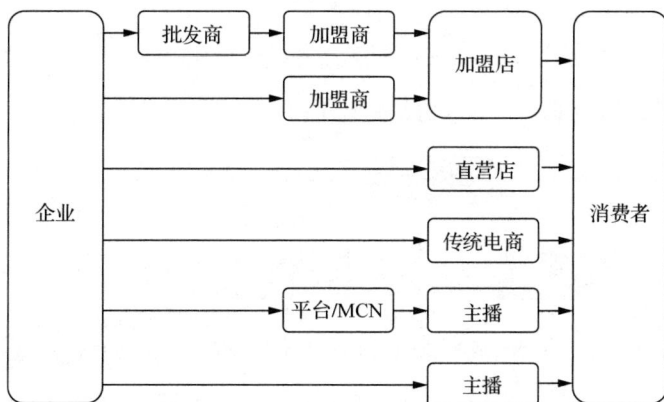

图 1-8　企业直播电商供应链

（2）直播可有效提高产品销售转化效率。直播通过现场互动的方式刺激用户在观看过程中直接购买，在通常情况下，粉丝多的主播能够获取更大的产品优惠力度，用户也更容易消费。此外，主播利用其强大的内容营销能力，通过理念传递和消费习惯培养，进一步刺激用户产生购买产品的欲望，并持续地进行复购。

课间案例

百草味货品场景化缔造品牌自播优秀案例

2022 年 1 月 15 日，抖音年货节期间，休闲零食品牌百草味正式开启"抖 in"超级品牌日。14 点至 24 点，百草味抖音官方旗舰店不间断直播，10 小时内直播间总成交额破千万元。

此次百草味邀请了两位知名主播助阵，以极其生活化的方式，还原了百草味零食在春节中的各种应用场景，如走亲访友送礼、招待亲朋，或自己吃……根据春节消费需求，击中用户痛点，最终实现消费转化。

此次百草味官方直播间以"宝藏年货市集"为主题，为用户打造了极具年味的新春场景。不仅直播间装饰得红红火火，就连货品也都穿上了红色"新衣"。

传统的年味、时尚的包装、潮流的玩法，百草味带用户提前感受新春的热闹年味。百草味不仅构建了春节消费场景，促成购买行为，同时也展现了其贴近年轻人的"时尚、潮流"的品牌定位，真正实现品销合一。

基于抖音电商平台"人、货、场"的优势，百草味品牌精准部署，借助此次超级品牌日，不到一个月时间便实现品牌直播间关注人数从零到千万的突破，成为品牌自播的优秀案例。

1.2 直播电商的产业链

直播电商的产业链由品牌商、MCN 机构、主播、消费者、直播电商平台等构成（见图 1-9）。本节将对直播电商的产业链做详细介绍。

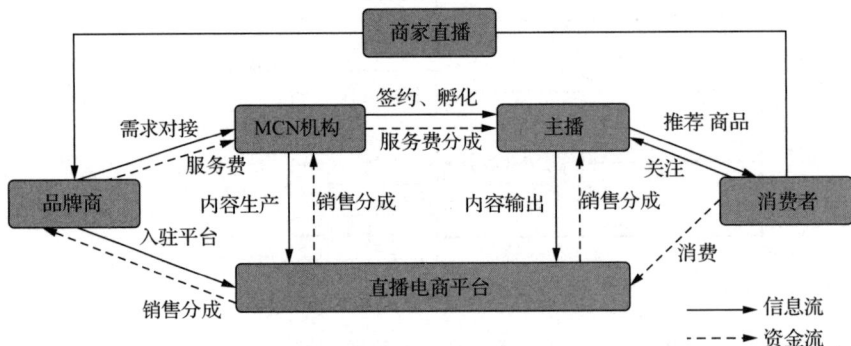

图 1-9 直播电商的产业链

1.2.1 品牌商

在直播电商产业链中，品牌商作为供应方位于上游。品牌商入驻直播电商平台，基于平台的大流量，通过与 MCN 机构、主播的合作，可以提高其渠道效率和销售转化效率，建设品牌形象，维护与消费者的关系。

1．主播的选择

品牌商开展直播电商活动，选择主播的方式有两种。

（1）通过 MCN 机构对接主播。这种方式的优点是 MCN 机构可以根据品牌商的需求匹配合适的主播，并提供一整套的解决方案，但缺点是所支付的服务费高，成本较高。

（2）品牌商自行培养主播开展直播电商活动。这种方式的优势突出，主播一般是企业内部的员工，更了解商品，成本比较低，能更有效地经营与消费者的关系，是一种可持续发展的方式。

2．直播策略

品牌商通过直播可以提高品牌影响力，为线上店铺引流。品牌商的直播策略有以下两种。

（1）品牌推广：通过大数据精准筛选观看直播的人群、匹配主播，集中销售一两款具有热卖效应的单品，快速形成好的市场口碑。

（2）去库存：通过多场直播，以较低价格快速促销一些长期积压的库存商品。如果能够将传统分级经销商转化为主播队伍，再结合社交电商，可进一步加速去库存。

1.2.2　MCN 机构

MCN 机构最初是从 YouTube 上衍生出来的，可以将其理解为 YouTube 平台上的内容创作者和平台之间的中介。

在国内，MCN 机构随着短视频行业、直播行业的发展，实现了爆发式增长。专业的 MCN 机构的工作包括达人的筛选和孵化、内容的开发、内容平台技术性支持、持续性的创意输出、用户的管理、平台资源对接、活动运营、商业变现等。

在直播电商产业链中，MCN 机构在确定品牌商及自身需求后，对已有资源进行分配，并将任务发放给签约主播，之后再通过自身流量渠道进行推广，从品牌商提供的服务费、平台提供的销售分成以及消费者的相关消费中获得收入。

MCN 机构为品牌商匹配符合其需求的主播并提供渠道资源支持，为主播在选题、组织内容生产、拍摄、剪辑等阶段提供专业、高效的支持，为直播电商平台提供丰富的优质内容以构建更完善的内容生态。总的来说，通过 MCN 机构，直播电商整体商业模式可以得到优化。

1.2.3　主播

在直播电商产业链中，主播基于直播平台面向消费者进行直播，在直播过程中推荐、销售商品，可以通过 MCN 机构对接品牌商或直接对接品牌商获得服务费和平台的销售分成。

主播是传统商业导购人员的升级版，是品牌商开展营销推广活动的重要角色。

主播可以按照身份和等级进行分类。

1．按主播身份分类

主播按身份可分为以下四类（见图1-10）。

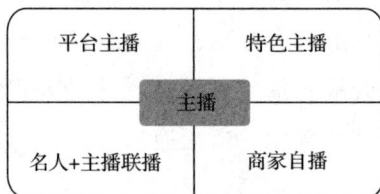

平台主播	特色主播
名人+主播联播	商家自播

（中央：主播）

图1-10　主播按身份分类

（1）平台主播：入驻直播平台，有一定直播经验，集中于某一领域或全品类带货，直播带货能力相对较强。

（2）名人+主播联播：名人进入主播直播间后，主播的导购、销售能力结合名人的流量、影响力，分别作用于商品的"量"与"价"，如某艺人进入某主播的直播间做客。

（3）特色主播：不具有直播经验，但因某种特定的身份而具有一定影响力，如某农产品产地县长、某品牌总裁等，特殊的身份背书会加强消费者对商品的信任。

（4）商家自播：品牌商工作人员开直播进行商品推荐，对商品和品牌比较熟悉，介绍较为专业，但推荐的商品品类有限。

2．按主播等级分类

以淘宝直播为例，主播分级涉及的维度包括：直播场次、直播时长、平台活动完成率、粉丝留存率等。主播按级别分为：头部主播、腰部主播、新晋主播，如图1-11所示。

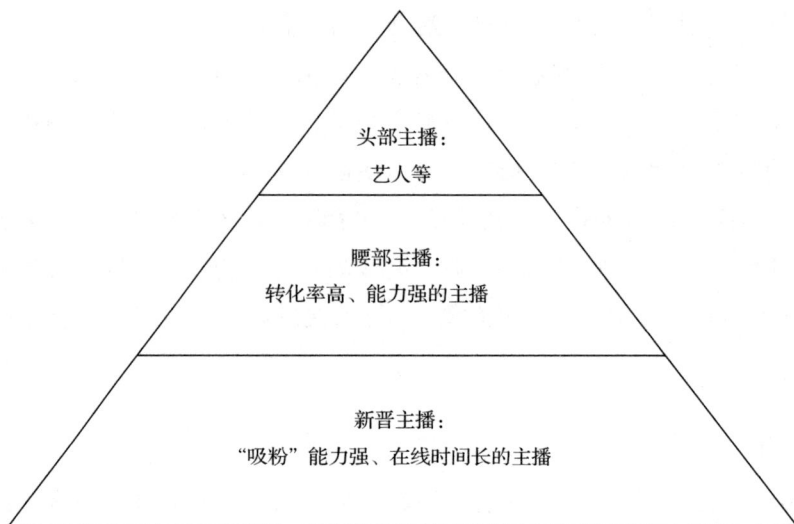

头部主播：
艺人等

腰部主播：
转化率高、能力强的主播

新晋主播：
"吸粉"能力强、在线时间长的主播

图1-11　淘宝主播分级

课间案例

一代名媛章小姐入局直播带货

2023 年 5 月 22 日，香港第一代"时尚鼻祖"章小姐在小红书首场近六个小时的直播中，连续霸榜带货榜第一名，遥遥领先第二名，观看人数接近百万，点赞数超 130 万。从美妆护肤到居家产品，再到对时尚与人生的理解，不少产品在她尚未介绍完时，就已经售罄。其直播间定位延续了章小姐的时尚买手人设，产品品类偏向美妆护肤，客单价高，符合大众对她的贵妇印象。

章小姐的"出圈"得益于自身 IP 与平台的合力。有着传奇人生经历的她被称为香港第一代"带货女王"。没有互联网的年代里她通过写时尚专栏，分享自己的生活与好物，成为香港女人关注的"带货女王"。在祖马龙还是小众香水时，章小姐已经开始使用；如今的卸妆界知名品牌 Eve Lom，在当年还是一个小美容院时，其创始人曾给她洗过脸……

如今，章小姐的个人 IP 成熟化也使得她在小红书的首播爆红在情理之中。

早在 2018 年 1 月，章小姐就通过自己的个人公众号发布自己的日常生活以及品牌合作软文，第一篇软文阅读量就突破 10 万。

随后，章小姐在 2019 年开创了个人品牌"玫瑰是玫瑰"并上线微信小程序。2020 年，章小姐宣布入驻小红书。2022 年 6 月，其创业品牌"玫瑰是玫瑰"入驻小红书，通过"玫瑰选品会""小众品牌"等图文笔记，开启图文带货。

因此，得益于章小姐本人独特的气质与个人 IP 的成熟运作，叠加小红书今年对直播带货的加码押注，章小姐的"出圈"其实并不是偶然。

1.2.4　消费者

在直播电商产业链中，消费者作为需求方位于产业链的下游。消费者进入直播电商平台观看主播的直播，受主播的商品推荐影响而在直播电商平台进行消费，同时还可能会关注主播，主播也可以经营与消费者之间的关系。

中国消费者协会于 2020 年 2 月组织了一次直播电商购物消费者满意度调查，这次在线调查共收集到来自 12 个直播电商平台的消费者样本 5 333 份。中国消费者协会于 2020 年 3 月发布《直播电商购物消费者满意度在线调查报告》，指出消费者的直播电商购物行为如下。

（1）超半数消费者购物频率在每月一次及以上。从常用人群的购物频率来看：每月一次及以上的占比为 55.2%；每 1 ～ 3 个月消费一次的占比为 35.6%。从数据反映的趋势来看，消费者在 3 个月内购物一次及以上的占比为 90.8%。

（2）从直播购物品类偏好来看，消费者在直播电商平台购买的品类大多为服装、日用百货、美食、美妆等，其中购买服装的消费者最多，占比63.6%（见图1-12）。

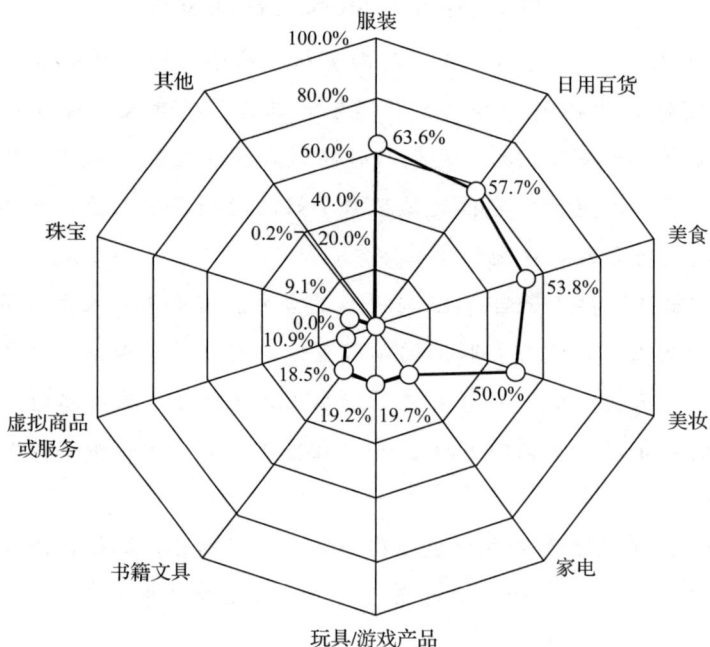

图1-12 直播电商购物群体消费品类

（3）观看直播的主要原因是想要了解商品信息和优惠信息。调查数据显示，消费者选择观看直播的主要原因是想要了解某一商品的详细信息和商家做活动的优惠信息，分别占比49.5%和47.5%。约25%的受访者表示观看直播是因为无聊，想要打发时间。直播电商购物人群驱动因素如图1-13所示。

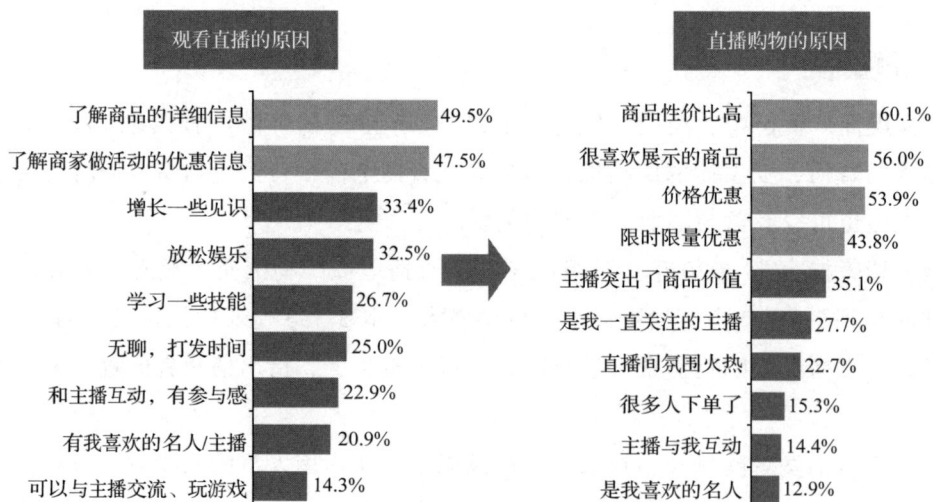

图1-13 直播电商购物人群驱动因素

（4）商品性价比和喜欢程度是影响购物决策的关键因素。消费者通过观看直播转而购物的原因很多，排在前三位的是商品性价比高（60.1%）、很喜欢展示的商品（56.0%）、价格优惠（53.9%）。总体来看，消费者决定购物的主要原因还是商品本身的性价比和价格优惠程度。

（5）"担心商品质量没有保障"和"担心售后问题"是消费者的两大主要顾虑。虽然有很多消费者选择直播电商购物是因为看重商品的性价比和价格优惠，但是也有一部分消费者并不喜欢使用直播电商购物，主要是因为担心商品质量没有保障和售后问题，分别占比 60.5% 和 44.8%。消费者没有使用直播电商购物的原因如图 1-14 所示。

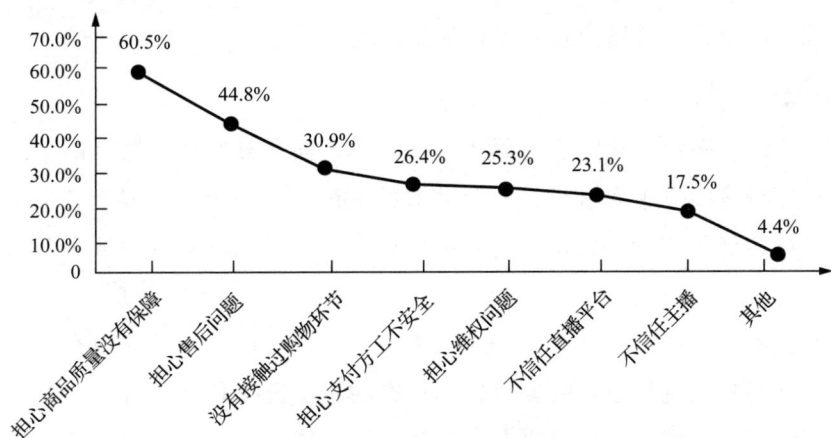

图 1-14　消费者没有使用直播电商购物的原因

1.2.5　直播电商平台

直播电商平台是直播电商产业链的核心，对接其他参与主体：品牌商入驻直播电商平台，MCN 机构和主播通过直播电商平台进行直播内容的生产和输出，主播通过直播电商平台向消费者推荐商品，消费者通过直播电商平台观看直播、关注主播、进行消费。

直播电商平台一般涉及电商平台、内容平台、直播模块和电商模块等主体，电商平台具有电商业务优势，而内容平台具有流量优势。直播电商平台的组成方式有 3 种。

（1）电商平台上线直播模块，直播、交易都在电商平台内实现，这种方式以淘宝直播为代表。

（2）内容平台上线直播模块，直播在内容平台内实现，但是交易会跳转到电商平台实现，这种情况下电商平台会向内容平台支付一定比例的佣金。

（3）内容平台除了上线直播模块，同时上线电商模块，使直播和交易都在内容平台内实现，如快手电商、抖音小店。

1.3　直播电商平台的分析

扫一扫看微课

微课 1-4

对于刚进入直播行业的企业和个体来说，了解公域流量和私域流量的特点和区别，选择合适的直播平台，是开展直播电商的第一步。本节将介绍公域流量和私域流量、直播电商平台的差异分析及常见的直播电商平台。

1.3.1　公域流量和私域流量

流量指的是一个网站的访问量，就是访问网站的人数，包括网站的独立用户数量、总用户数量（含重复访问者）、页面浏览数量、每个用户的页面浏览数量、用户在网站的平均停留时间等。流量分为公域流量和私域流量两类。

1．公域流量的概念

公域流量，也叫平台流量，它不属于单一个体，而是被集体所共有的流量，是商家通过淘宝、京东、拼多多等平台进行销售所获取的流量。这一类流量属于各个平台，商家入驻后通过搜索排名优化、参加活动、付费推广以及开展促销活动等方式来获得流量，从而提高成交量。

公域流量直播的一般形式就是依托第三方平台直播。商家或品牌没有建立相关的用户链接，没有自己的私域流量池，需要借助第三方的流量资源完成直播。

对于商家而言，一方面，依靠平台获取流量，不能完全掌控自身的流量分发，流量获取靠付费，流量成本较高；另一方面，一般平台都会把客户、交易相关数据当作核心资产，不会完全共享给商家，商家无法掌控交易的所有数据。公域流量模式存在的问题，催生了商家对私域流量的需求。

2．私域流量的概念

私域流量是相对于公域流量形成的概念，是指不用付费，便可以在任意时间、任意频次，直接触达用户的渠道，如自媒体、用户群、微信号等。私域流量的转化效率高，商家可以更便捷、更低成本地触达用户，获得更高的收入。

私域流量直播的一般形式是商家或品牌通过 App、小程序、微信群等渠道建立了用户链接，形成了基于链接的私域流量池，在这样的基础上进行直播。

例如，步步高近几年借助小程序、微信群建立起顾客链接，链接约 2 000 万名数字化会员，形成了以私域流量为主导的直播模式。

> **小贴士**
>
> 公域流量总是与"平台"挂钩，因此也可以称为"平台流量"，它是一种集体共

有的流量，与单一个体流量相对。

　　私域流量具有个体属性，即品牌或个人的私有流量。它是品牌或个人自主获取并拥有的、无须付费便能使用的，且可以反复利用、随时触达用户的流量。

3. 公域流量和私域流量的对比分析

（1）优势与劣势对比分析。

公域流量和私域流量有各自的优势与劣势，表 1-1 所示是公域流量和私域流量的对比分析。

表 1-1　　　　　　　　　　　　公域流量和私域流量的对比分析

流量类型	优势	劣势
公域流量	① 受众面广，可将品牌快速宣传给各受众人群，形成广而告之的效应； ② 令消费者印象深刻，有助于塑造品牌形象； ③ 保持品牌活跃度和竞争规模，延长品牌存活时间	① 商家不能完全掌控自身的流量分发，流量始终属于平台，商家只能跟随平台的发展规律顺势而为； ② 每次使用流量需支付高昂的费用，商家的获客与转化成本高
私域流量	① 使用流量无须付费，而且可以反复使用，获客成本与转化成本低； ② 企业可以随意触达精准消费客群； ③ 与用户深度互动，可进行深度渗透，有助于用户建立深厚的品牌情感	对商家的运营能力要求较高，需要获取、维护私域流量

（2）运营逻辑对比分析。

公域流量和私域流量的运营逻辑如图 1-15 所示，总体来说，公域流量应该越做越小，发展成企业自身的私域流量，而私域流量应该越做越大，形成裂变，提高企业的影响力。

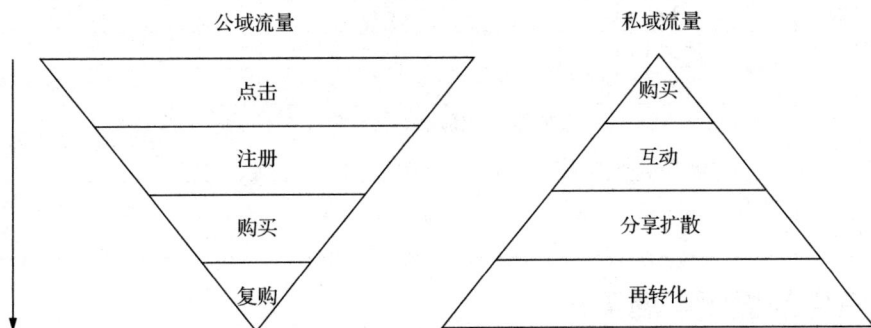

图 1-15　公域流量和私域流量的运营逻辑

1.3.2　直播电商平台的差异分析

对企业来说，基于企业的产品特性、营销目标和发展特点选择合适的直播平台尤为重要。2020 年 4 月，Trustdata 发布《2020 年 3 月移动互联网全行业排行榜》，罗列了各大直播电商平台的月活跃用户数量和增长指数。现依据月活跃用户数量将各直播电商平台分成三大梯队，并简单分析其直播属性（见表 1-2）。

表 1-2　　　　　　　　　　　　　　　直播电商平台

梯队	直播电商平台	月活跃用户数量	直播属性
一	淘宝直播	69 918 万	商家、主播带货
	抖音	46 918 万	主播娱乐、带货
	快手	26 853 万	主播娱乐、带货
二	微博	28 860 万	主播娱乐、带货
	拼多多	25 216 万	商家店铺带货
	西瓜视频	14 045 万	达人带货
	京东	8 781 万	名人、商家店铺带货
	小红书	5 354 万	名人、达人带货
	哔哩哔哩	4 491 万	UP 主带货
三	虎牙直播	3 316 万	游戏直播互动为主
	花椒直播	2 929 万	生活内容分享为主
	斗鱼直播	2 666 万	游戏直播互动为主
	YY	2 372 万	游戏直播互动为主
	苏宁易购	945 万	商家店铺带货
	蘑菇街	243 万	女性买手带货为主

第一梯队直播电商平台分别是：淘宝直播，是阿里系的代表；抖音，是头条系的代表；快手，是腾讯系的代表。下面对这 3 个不同派系的直播电商平台的特征进行对比分析（见表 1-3）。

表 1-3　　　　　　　　　　　　　　直播电商平台对比分析

直播电商平台	快手	抖音	淘宝直播
直播派系	腾讯系	头条系	阿里系
流量来源	私域流量	公域流量	公域流量
月活跃用户数量	2.68 亿	4.69 亿	6.99 亿
平台属性	社交＋内容	内容	电商
直播属性	主播娱乐、带货	主播娱乐、带货	商家、主播带货
产品品类	以食品、生活用品、服装等非品牌低价商品为主	以服装、美妆等品牌商品为主	淘宝体系内全品类
用户特性	以下沉市场用户为主	以都市青年为主	多以一、二线城市用户为主，对四、五线城市的下沉市场用户也有覆盖

1.3.3　常见的直播电商平台

下面将详细介绍常见的直播电商平台。依据月活跃用户数量，常见的直播电商平台包括抖音、淘宝直播、小红书和快手。

1. 抖音

抖音是一款音乐创意短视频社交软件，由今日头条孵化，于 2016 年 9 月上线。用户可以通过这款软件选择歌曲，拍摄音乐短视频，创作自己的作品，平台会根据用户的爱好推送用户感兴趣的视频。据统计，2022 年抖音用户数量在 8.42 亿左右，日活跃人数超过 7 亿，用户数量迅猛增长。

（1）抖音的流量分发逻辑。

区别于搜索引擎和社交平台的信息推荐模型，抖音以内容为依据，将内容和用户进行匹配，系统进行精准推荐是其推荐算法的核心。抖音的流量分发逻辑如图 1-16 所示。

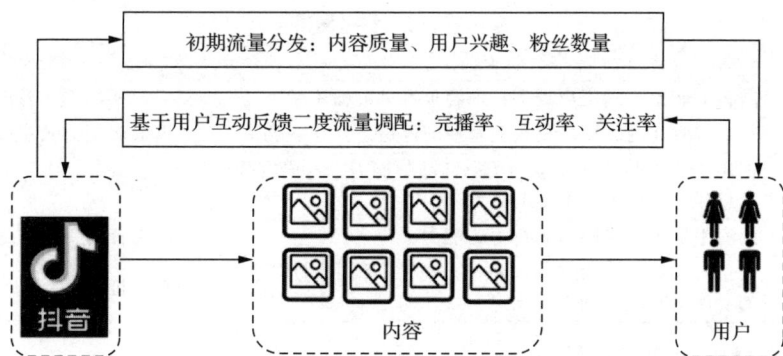

图 1-16　抖音的流量分发逻辑

抖音的初期流量分发主要依据内容质量、用户兴趣和粉丝数量，其中内容质量维度包括类别、领域、播放量、评论数、转发数等，用户兴趣包括兴趣、职业、年龄、性别、地点等。抖音基于用户的互动反馈进行二度流量调配。二度流量调配标准包括完播率、互动率和关注率等。

（2）抖音直播电商的发展历程。

抖音的流量分发逻辑使其头部主播推荐的商品容易爆红，实现高流量下的高触达率和高转化率。但在算法分发模式中，平台掌握信息的分发权，对流量及商业化把控较强，用户更多地被动接受内容推荐，这不利于主播运营私域流量与培养忠实粉丝。抖音直播电商的发展历程如图 1-17 所示。

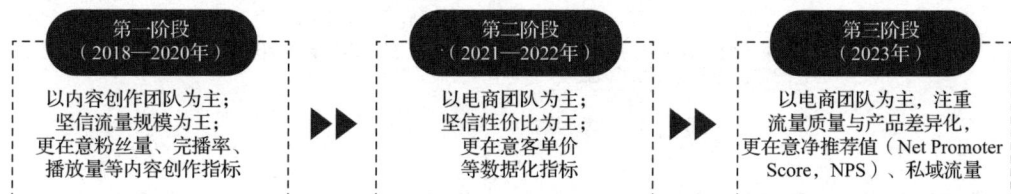

图 1-17　抖音直播电商的发展历程

2. 淘宝直播

淘宝直播为目前发展直播电商模式最为成熟的平台之一，其直播电商模式主要分为达人带货和商家自播，90% 直播场次和 70% 成交额来自商家自播。淘宝直播进店转化率超60%，但退货率也较高。据统计，淘宝 2020 年 3 月活跃用户数为 6.99 亿，用户基数庞大，但淘宝社交属性较弱。

淘宝直播依托淘宝平台而产生，所以淘宝用户在适当的引导下都有可能成为淘宝直播的用户。用户在淘宝直播中购物需求相对明确，是想更具体、更有针对性地了解某产品。

（1）淘宝直播的流量分发逻辑。

淘宝直播的流量分发标准会参考内容建设，内容建设的评判标准包括内容能见度、内容吸引度、内容引导力、内容获客力、内容"转粉"力（见表 1-4）。

表 1-4　　　　　　　　　　　　　内容建设的评判标准

评判标准	内涵	考察内容
内容能见度	内容所能覆盖的用户越多，内容被看见的概率越大	直播团队的运营能力
内容吸引度	在单位时间内，用户是否在直播间停留、互动、购买	商品吸引力及主播吸引力
内容引导力	把用户留住并引导其主动了解商品的能力，与内容吸引度息息相关，可依靠主播的话术来提升	主播控场力、吸引力
内容获客力	内容引导用户采取购买行为的能力	综合能力
内容"转粉"力	通过持续性的内容输出，将只是短暂停留的用户变成有目的、停留时间长的忠实用户	综合能力

（2）淘宝直播电商的发展历程。

根据淘宝官方公布的数据，2019 年，淘宝已积累 4 亿名用户。其中，177 位主播年度成交总额破亿元，4 000 万件商品进入直播间，商家数量同比增长 268%，2019 年全年直播电商成交总额突破 2 000 亿元。其中，2019 年"双 11"预售首日淘宝直播引导成交金额同比增长了 15 倍，有 1.7 万个品牌在线直播，"双 11"当天淘宝直播带动成交额超 200 亿元。淘宝直播电商的发展历程如图 1-18 所示。

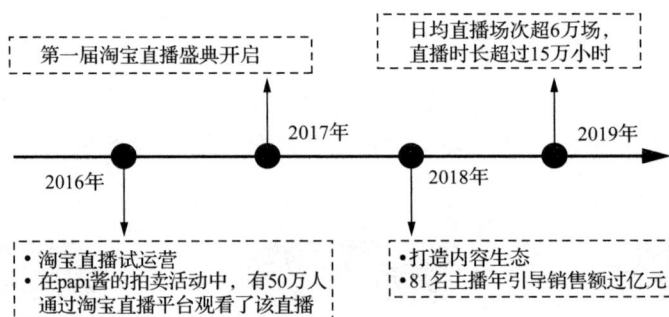

图 1-18　淘宝直播电商的发展历程

课间案例

东北乡村主播带领村子致富

每到秋收时节，粮商贾某都会驱车 2 800 千米，从吉林四平到甘肃张掖，只为给家乡的农民带去更优质的玉米种子。

在快手上，贾某更为人所熟知的名字是"贾胖子"。每天晚上 7 点，他都会准时出现在直播间，分享最新的玉米价格信息，指导农民该如何做田间管理、如何保管玉米，也会根据自己多年种粮收粮经验为用户挑选高质量的种子和化肥。

从 2019 年 12 月起，贾某每天都会在快手直播，免费传授种玉米、保存玉米以及卖玉米的一整套技巧。第一场直播只有 148 个人看，到现在平均每场直播都有两三万人在线，越来越多的农民在贾某的指导下将玉米卖出了好价格，有人的收入翻了两番。

"贾某"的老乡"咱屯张老五"也是一个快手主播。他给农民通烟囱的视频获得了不错的流量。后来快手相关领域的负责人找到他，希望他为家乡带货。

2022 年 5 月，"咱屯张老五"尝试了第一场直播带货，9 月 16 日，他参与快手的丰收节直播活动，做了第二场带货直播，连播 11 小时，推荐了黄玉米、黑玉米、玉米发糕等四平特色玉米产品，全网曝光量超 1.24 亿，商品成交总额（Gross Merchandise Volune，GMV）日均上涨超过 245.28%。

快手主播"蚊子"在 2022 年已经为家乡卖出了数十万斤的农产品。"蚊子"的家乡是吉林蛟河，长白山下，这里有丰富的野菜、菌菇、中草药等特产资源。2019 年 8 月，在快手发布了几个月乡村视频后，看到很多粉丝表示想要买农货，他便试着将自家产品通过平台销售出去，就此打开了一个新的销售渠道。

"蚊子"几乎每天都会直播带货，单场观看量一般有 20 万人次。从 2022 年 5 月到 9 月，"蚊子"已经通过直播间销售了 10 万单山野农货。9 月 22 日，他也参与了快手丰收节直播活动，为粉丝带来了 20 多种农特产。

3. 小红书

小红书是行吟信息科技（上海）有限公司于 2013 年 6 月推出的一款生活方式分享平台，是国内最大的"种草"平台，是为提高商家品牌、产品的知名度、曝光度，实现后期变现、长远战略目标，支持直播带货的社交电商平台。小红书笔记内容涉及美妆、个护、运动、旅游、家居、酒店、餐馆的信息，触及消费经验和生活方式的众多方面。

（1）小红书的流量。

每一次打开是"种草"的开始，每一次离开也是成交的开始。小红书的"购物指南"属性和去中心化推荐机制，决定大多数小红书用户的使用路径是：搜索关键词—浏览推荐页—成交。小红书站内重要的三个动作环节是：搜索—浏览—成交。

小红书的流量主要分为：基础流量、推荐流量、关注流量（取决于你的粉丝）、搜索流量（笔记收录就会有搜索流量）、付费流量。

（2）小红书的发展历程。

小红书成立初期是一个美妆分享社区。随着用户数量的不断增加，小红书开始向社交电商模式转型。小红书还开始与品牌合作，推出自己的品牌产品线，进一步提高了自己的影响力。随着小红书的用户量不断增加，2019 年，小红书开始尝试进入海外市场，2020 年成为中国成长最快的移动互联网产品之一。截至 2021 年，小红书的用户数量已经超过了 3 亿。小红书直播电商的发展历程如图 1-19 所示。

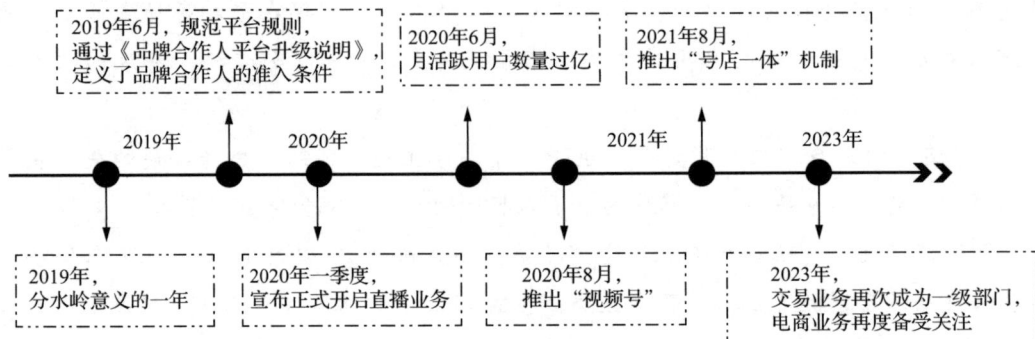

图 1-19　小红书直播电商的发展历程

4. 快手

快手是北京快手科技有限公司旗下的产品。快手的前身为"GIF 快手"，诞生于 2011 年 3 月，最初是一款用来制作、分享 GIF 图片的手机应用。2012 年 11 月，快手从纯粹的工具应用转型为短视频社区，成为用户记录和分享生产、生活的平台。随着 2016 年短视频行业的快速发展，快手迅速占领市场高位。据数据统计，快手 2020 年 3 月活跃用户数为 2.68 亿。

（1）快手的流量分发逻辑。

快手基于"社交＋兴趣"的逻辑进行内容推荐，运用"技术驱动的分发机制"，将粉丝数量的权重降低，加大了视频质量的权重，视频只要质量高，被足够数量的用户点击就能够登上快手的推荐页。快手直接链接内容创作者与粉丝，增强双方黏性，沉淀私域流量，诞生了信任度较高的"老铁关系"。快手的流量分发逻辑如图 1-20 所示。

图 1-20　快手的流量分发逻辑

（2）快手的发展历程。

快手布局直播电商的时间早于抖音，晚于淘宝，但是却比淘宝更早获得收益，高峰时期成交金额以亿元计，拥有涉足 20 多个垂直细分领域的 6 000 多个直播账号。

　　快手深耕下沉市场，小镇青年对快手的成交总额贡献巨大。快手与淘宝、有赞等电商平台合作，通过收取佣金或者从订单中抽成获利。快手由强社交信任关系驱动，其粉丝质量高，私域流量控制力强，粉丝具有极强的黏性和互动性。快手可以通过推送优质内容快速触达用户，进行用户沉淀，积累粉丝，最终实现电商变现。快手直播电商的发展历程如图 1-21 所示。

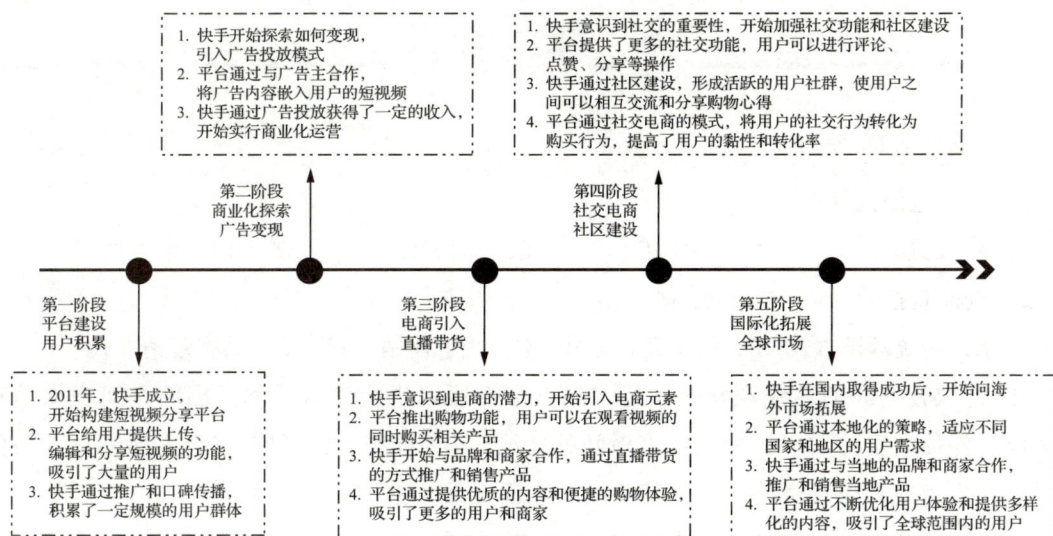

第二阶段
商业化探索
广告变现

1. 快手开始探索如何变现，引入广告投放模式
2. 平台通过与广告主合作，将广告内容嵌入用户的短视频
3. 快手通过广告投放获得了一定的收入，开始实行商业化运营

第四阶段
社交电商
社区建设

1. 快手意识到社交的重要性，开始加强社交功能和社区建设
2. 平台提供了更多的社交功能，用户可以进行评论、点赞、分享等操作
3. 快手通过社区建设，形成活跃的用户社群，使用户之间可以相互交流和分享购物心得
4. 平台通过社交电商的模式，将用户的社交行为转化为购买行为，提高了用户的黏性和转化率

第一阶段
平台建设
用户积累

1. 2011年，快手成立，开始构建短视频分享平台
2. 平台给用户提供上传、编辑和分享短视频的功能，吸引了大量的用户
3. 快手通过推广和口碑传播，积累了一定规模的用户群体

第三阶段
电商引入
直播带货

1. 快手意识到电商的潜力，开始引入电商元素
2. 平台推出购物功能，用户可以在观看视频的同时购买相关产品
3. 快手开始与品牌和商家合作，通过直播带货的方式推广和销售产品
4. 平台通过提供优质的内容和便捷的购物体验，吸引了更多的用户和商家

第五阶段
国际化拓展
全球市场

1. 快手在国内取得成功后，开始向海外市场拓展
2. 平台通过本地化的策略，适应不同国家和地区的用户需求
3. 快手通过与当地的品牌和商家合作，推广和销售当地产品
4. 平台通过不断优化用户体验和提供多样化的内容，吸引了全球范围内的用户

图 1-21　快手直播电商的发展历程

　　总体来说，刚进入直播行业的企业应该从自身的条件出发选择合适的直播电商平台：企业在既有品牌又有私域流量的情况下，首选快手；企业在既有品牌又有较强的内容创作能力的条件下，首选抖音；企业在电商实力足够强大、数字化基础足够好时，首选淘宝直播。

归纳与提升

　　网络直播经历了秀场模式、互动模式和带货模式 3 个阶段，而带货模式就是我们所指的"直播电商"。直播电商是电子商务的衍生模式，是在电子商务环境下使用直播媒介，以促进商品和服务的购买与销售的一种商务模式。区别于传统电商，直播电商"以人为本"，具有实时性、真实性、直观性、互动性和精准性等特性。

　　直播电商的发展，给企业带来了一个新的经营品牌的路径。借助直播媒介，企业可以通过经营主播人设，积累粉丝和销售商品，进而实现品牌的建设。直播电商通过缩短供应链，减少中间环节和渠道成本，通过主播触达消费者，有效提升企业的渠道效率。

　　对于刚入直播行业的企业来说，认清公域流量和私域流量，选择合适的直播平台，是开展直播电商的第一步。通过对比分析各个平台的异同得出：企业在既有品牌又有私域流量的情况下，首选快手；企业在既有品牌又有较强的内容创作能力的条件下，首选抖音；企业在电商实力足够强大、数字化基础足够好时，首选淘宝直播。

名词解释

秀场模式；互动模式；带货模式；公域流量；私域流量

复习思考题

一、单项选择题

1．直播电商元年是（　　　）。

　　A．2016 年　　　　　B．2018 年　　　　　C．2019 年　　　　　D．2020 年

2．电商直播是（　　　）的一种。

　　A．传统营销方式　　B．线上营销方式　　C．线下营销方式　　D．品牌营销方式

3．公域直播间的在线观众是不特定的，谁都可以进入该直播间，因而在线观众是直播平台上各种类型的用户；而私域直播间的在线观众是特定的，只有符合直播间进入条件的用户，才能进入该直播间，因而其在线观众通常是主播的（　　　）。

　　A．朋友　　　　　　B．亲人　　　　　　C．同事　　　　　　D．以上都是

二、多项选择题

1．相较于网店销售，直播带货的优势有（　　　）。

　　A．商品图片由静态转为动态　　　　　B．观众通过视听采集商品信息

　　C．观众被动接收商品信息　　　　　　D．观众主动接收商品信息

2．直播平台对主播或直播间的等级设置，主要依据（　　　）。

　　A．直播间账户的财富等级　　　　　　B．直播间账户的消费等级

　　C．直播间账户的开播等级　　　　　　D．直播间粉丝等级

3．电商直播的主要目的是（　　　）。

　　A．提高品牌知名度　　　　　　　　　B．增加销售额

　　C．扩大市场份额　　　　　　　　　　D．提高产品质量

三、判断题

1．电商直播只适用于一些特定行业，如化妆品和服装等。（　　　　）

2．主播只需要具备熟练的产品演示技巧。（　　　　）

3．电商直播可以增加销售额，但对品牌知名度提升的作用不大。（　　　　）

四、简答题

1．直播电商产业链有哪些？

2．什么是公域流量、私域流量？二者有什么关系？

3．直播电商的商业价值是什么？

4．请简述电商直播的优点与流程。

5．请简述电商直播在营销中的作用。

五、案例分析题

"东方甄选"是新东方推出的直播带货平台，是一个专注于为客户甄选优质产品的直播平台，是一家为客户提供愉快体验的文化传播公司。

2021 年 12 月 28 日，新东方在微信公众号发文，推出直播带货新平台"东方甄选"。当天晚上 8 点，东方甄选在抖音举行首场农产品直播带货。东方甄选账号从 1 个增加到 6 个，粉丝总量突破 3 600 万，已推出 52 款自营产品，总销量达 1 825 万单。2023 年 3 月，新东方在线正式官宣：改名东方甄选。8 月 29 日，东方甄选淘宝首秀——"东方盘淘会"开播。

在淘宝、抖音等平台观看东方甄选的一场电商直播，完成以下任务。

1．通过观看东方甄选在不同平台的直播，查阅行业相关资料，熟悉电商直播行业的特点、发展历程与发展趋势，了解电商直播的常见平台，分析总结各平台电商直播的特点和不同。

2．通过观看东方甄选直播了解其直播间的特点、观众群体以及直播效果。

场景实训

一、使用 AIGC 工具制定直播电商营销策略

1．明确使用目的

使用 DeepSeek 为企业尚品轩制定一套可参考的直播电商营销策略。尚品轩是一个专注于高端时尚配饰的品牌，希望通过直播电商活动提升品牌知名度，增加销售额，并强化其高端、时尚的品牌形象。

2．明确营销目的

此次直播电商营销活动的目的是强化尚品轩的品牌形象，传递其高端、时尚的品牌理念，并增加销售额。

3．确定要求

根据使用目的、营销目的以及目标用户群体（25-45 岁的中高端时尚消费者），提出以下具体要求。

品牌背景：尚品轩，一个专注于高端时尚配饰的品牌，产品涵盖项链、手链、耳环等，以卓越的设计与品质著称。

营销目标：计划通过直播电商活动，进一步强化尚品轩的品牌形象，提升品牌知名度，

并显著增加销售额。

具体要求：请使用 DeepSeek 工具为尚品轩量身定制一套直播电商营销策略，该策略需涵盖直播内容规划、主播选择建议、互动环节设计、直播电商平台选择推荐以及整体推广策略等关键环节。

4. 发送要求并获取策略

打开 DeepSeek 页面，在文本框中输入上述要求，并按"Enter"键发送，如图 1-22 所示。

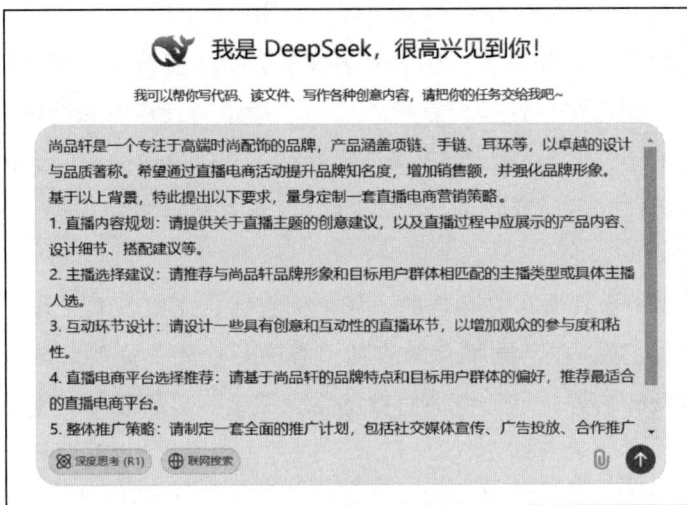

图 1-22　使用 AIGC 工具制定直播电商营销策略

二、观看电商直播并进行评价

【实训目标】

1．理解直播电商的特性；

2．掌握各个直播电商平台的差异；

3．掌握直播电商平台的选择方法。

【实训内容】

分别在快手、抖音、淘宝观看一场电商直播，完成以下内容。

1．结合直播电商的特征，对你所观看的直播进行点评；

2．结合你所观看的直播，对比各个平台的差异；

3．谈谈你觉得企业应如何选择直播平台。

【实训要求】

1．从实时性、真实性、直观性、互动性和精准性这 5 个方面进行点评；

2．用表格呈现各个平台的差异。

第 2 章
直播电商人才岗位结构

学习目标

➢ 了解直播电商人才特征
➢ 熟悉直播电商的岗位职责与技能
➢ 熟悉直播电商人员的胜任力模型
➢ 了解直播电商人才培养体系

引例

电商技能培训，赋能乡村振兴

2023 年 7 月，陆梅在于田县兰干乡举办了为期 3 天的短视频直播带货培训班。返乡创业大学生、待业青年、其他有志于从事农村电商直播人员共计 50 多人参加短视频直播带货培训。培训内容包括直播运营、主播培养、短视频运营、账号运营等电商带货系统知识和运营逻辑，从基础到进阶的抖音电商系列课程培训与辅导。陆梅以"理论课程＋实操演练＋经验分享＋一对一指导"的方式开展电商基础理论知识培训，使学员对短视频拍摄与剪辑、直播带货技术有更深的认识，并遴选学习成绩优异学员进行重点孵化，为兰干乡培育综合类主播、带货主播、短视频创作者等电商人才。

兰干乡也台吐努克村电子商务站站长在村里开了一家超市，经常通过抖音直播帮助村民推销葡萄、核桃等农产品，但由于缺乏直播技巧，效果不太明显。这次通过学习，她不但掌握了直播话术，还学会了短视频拍摄。她与兰干乡玉吉米力克阿尔喀村电子商务站站长两人现场实操演练，通过抖音平台向粉丝介绍兰干乡的无核白葡萄（见图 2-1），受到粉丝的好评。

兰干乡党委书记："兰干乡的葡萄在和田是很有名气的。要让兰干乡的葡萄为全国人民知晓，直播是一个很好的渠道，借助电商平台把全乡的葡萄销售出去，增加村民收入，助力乡村振兴。"

有关部门打算在各乡镇巡回举办短视频直播带货培训班，努力在全县培养一批会拍短视频、会直播的电商人才，采取各种措施扶持有条件的电商人才开设网店，指导其直播带货，打造于田县电商经济。

图 2-1　兰干乡的无核白葡萄

思考题

1. 一场完整的电商直播需要设置哪些岗位？

2. 进入直播电商行业的人员需要具备哪些技能？

随着直播电商的火爆，直播电商人才出现巨大缺口，直播培训班应运而生。本章主要介绍直播电商人才特征与岗位设置、直播电商岗位职责与技能、短视频岗位职责与技能以及直播电商人员胜任力及培养。

2.1　直播电商人才特征与岗位设置

在新媒体时代，信息传播呈现去中心化的特征，尤其是随着 5G 时代的来临，网络直播以独有的即时性、交互性等优势成为以文字、图片为主的传统信息传播方式的补充，网络直播已成为当下最为流行的娱乐和信息交互方式之一。

扫一扫看微课

微课 2-1

大批电商企业，乃至于传统企业纷纷转战直播，但直播电商人才短缺是大多数企业跨入直播电商市场的"拦路虎"，而且直播电商进入门槛低、从业者素质不高，使得整个直播电商行业的发展呈现诸多乱象。建立科学、规范和实用的直播电商人才标准，是解决直播电商人才短缺问题和保证直播电商行业良性、健康与长期发展的必要条件。

2.1.1　直播电商人才特征

直播电商人才的特征主要体现在以下几个方面。

1. 直播电商人才产业集群化

产业集群化是直播电商未来的发展趋势之一。直播电商作为横跨内容和电商的创新模式，未来会走向专业分工的作业方式，出镜主播、内容策划、供应链资源、产品开发和仓储配送体系都将细化分工。直播电商基地模式是产业化的发展方向之一，基地内配套直播间和直播内容服务中心，各类企业围绕该中心进驻，形成集中赋能的模式。该模式主要通过政府引导及行业大企业投资的方式实现。直播电商产业集群化的完善离不开人才的一体化供应方式。

2. 直播电商人才专业化

根据行业的不同属性，专注于不同行业的专业性直播将越来越受青睐。直播电商非常重要的是主播的人设建立。用户之所以会关注主播，并在电商直播过程中进行交易，是因为用户对主播的信任。主播的专业性让用户产生信赖。当下大多数直播电商的发展依靠平台的流量推荐，未来会往更细分、更垂直、更专业的行业化方向发展。具备行业专业知识的直播电商人才是未来的人才培养重点。

3. 直播电商人才综合化

当前 VR、AI、机器人等技术快速发展，其都能够与直播相结合，进一步优化直播电商的用户体验。未来，机器人可能会取代一部分线下导购员，而直播则可能会结合 AI、VR 技术，实现远程衣服试穿、远程口红试色、角色交互等。目前 VR 技术在直播行业内的应用，极大地优化了用户的视觉体验。5G 时代的来临，让直播有了更多的发展空间，5G 可以消除卡顿，让直播画质更好，提高画面传输的速度，进一步推动 AI 等技术走向成熟，同时优化用户体验。因此，具备一定的信息技术综合知识的直播电商人才是未来人才培养的重点。

4. 直播电商人才多元化

现有直播电商大多是较为单一的卖货模式，其中直播是卖货方式，而主播是卖货资源。主播和艺人联合直播，展现的是"电商 + 电视"的直播卖货形式。虽然这种直播卖货形式还很小众，但随着时间的推移，多元化的主播或内容的跨圈层融合形式会逐渐增多。未来，直播电商会从单一的卖货走向跨圈层多元化融合。这对直播电商人才的知识结构和职业技能提出了更高的要求。

小贴士

直播电商行业发展迅速，成了现代电商的新宠。这一新兴行业吸引了越来越多的消费者和商家，同时也带动了一波人才热潮。直播电商关键的三个要素是人、货、场，人才的缺失成为行业面临的一个重大问题。

2.1.2 直播电商岗位设置

与传统电商类似，直播电商的进入门槛并不高，因此各领域企业纷纷通过"直播 +"模式尝试转型。随着行业的发展，直播行业需要建立运营体系，协调和融合各类职能。专业主播已成为直播行业的一大标签，一场成功的直播需要直播电商团队场控管理能力、招商能力、互动能力、带货能力、官方活动运营能力等多方面能力。

直播电商作为新的电商形态，具有实时性、交互性、内容化、社交化、碎片化等特征。直播本身也在自我迭代的升级进化中。直播电商团队各成员有清晰的分工合作，直播电商的一般岗位设置如表 2-1 所示。

表 2-1　　　　　　　　　　　　直播电商的一般岗位设置

职业方向	标准岗位	细化岗位
产品岗	直播电商规划师	商务、选品、编剧、导演、制片等
营销岗	直播电商营销师	经纪人、主播、辅播、媒介对接、渠道拓展
运营岗	直播电商运营师	项目运营、场控、文案、活动、社群运营
设计岗	电商设计师（短视频设计师）	视觉策划、拍摄、视频剪辑等
客服岗	电商客服管理师	售前客服、售中客服、售后客服
物流岗	电商物流管理师	库管、采购、分拣打包、打单发货等
技术岗	现场控制	道具、算法、编程、数据、AI、信息安全等

2.2　直播电商岗位职责与技能

职业能力是从业人员从事某项职业必备的能力，它要求从业人员熟练掌握一项或几项与职业相关的技术。"厚基础、重技能"是电子商务专业人才基本职业能力的培养目标。表 2-1 中列出了直播电商的一般岗位设置，本节将介绍主播岗位、辅播岗位、运营岗位、经纪人岗位、商务岗位和客服岗位的岗位职责、技能要求和素质要求。

2.2.1 主播岗位

主播岗位是直播电商的核心岗位，决定着直播的成败。主播岗位的岗位职责、技能要求、素质要求具体如表 2-2 所示。

表 2-2　　　　　　　　　　主播岗位的岗位职责、技能要求、素质要求

岗位职责	技能要求	素质要求
➢ 负责完成整场直播主持，是直播间的主要角色 ➢ 熟练掌握直播相关话术，能在直播不同环节进行话术的调整 ➢ 具备销售心理学基础知识，能及时预判销售机会，能及时完成"转粉"和销售转化 ➢ 熟悉直播整个流程策划，能与辅播及运营团队进行良好配合，了解直播不同环节的侧重点，能控制直播节奏 ➢ 参与运营团队选品策划，了解用户喜好，善于从用户角度进行选品，选品匹配度高 ➢ 能稳定开播，能保证一定的开播量，每月至少直播 20 天，每天至少直播 4 小时	➢ 基础能力：口头表达流利，熟练掌握产品相关知识，能熟练进行产品介绍，对产品卖点敏感，熟练掌握销售技巧 ➢ 状态要求：敢于在镜头前进行表达和表演，并能接受长期稳定进行直播 ➢ 心态要求：敢于面对直播过程中用户的争议或坦然面对用户的尖锐提问，具备一定的控场和应变能力 ➢ 其他要求：外貌佳或有其他表演才艺等（歌曲、舞蹈或其他专业才艺），具备良好的个人素养，能在直播过程中保持饱满的精神状态，具备一定的心理承受能力，能控制负面情绪	➢ 具备较高的思想素质和良好的道德素养、人文素养、科学素养及职业素养 ➢ 具备较高的网络文明素养、电子商务诚信与信用素养、信息安全与保密素养 ➢ 具备良好的人际沟通素质和团队合作精神 ➢ 具备基本的创新精神及创业意识

课间案例

斗鱼网络电商直播运营招聘（主播 / 机构方向）

企业 / 职位概况：

1. 美国纳斯达克上市公司；

2. 电商直播行业重点企业；

3. 商业化体系完善，发展空间大；

4. 业界有竞争力的薪酬，弹性工作时间，全天免费水果、下午茶供应。

职位描述：

1. 负责平台电商主播的引入、培训，运营日常业务，对主播的直播数量和服务质量负责；

2. 深入了解主播的变现需求，优化主播供给能力，提高业务供给效率；

3. 与商业化团队、机构及直播运营团队紧密配合，形成良性的供给合作联动体系。

职位要求：

1. 3 年以上主播运营经验，了解直播广告行业，熟悉主播的变现形式和偏好；

2. 具备独立思考能力，有较强的逻辑思维能力、执行能力以及资源调配能力；

3. 具备优秀的沟通能力和较强的责任心，能高效协助各方共同完成目标。

小贴士

2020 年 5 月，人力资源和社会保障部发布的新职业中包括"互联网营销师"，同时还增设了"直播销售员"工种。直播销售员的定义是在数字化信息平台上，运用网络的交互性与传播公信力，对企业商品进行多平台营销推广的人员，简单地说就是带货主播。

2.2.2 辅播岗位

辅播岗位是直播电商中的重要岗位，主要负责辅助主播进行直播。辅播岗位的岗位职责、技能要求、素质要求具体如表 2-3 所示。

表 2-3　　　　　　　　　辅播岗位的岗位职责、技能要求、素质要求

岗位职责	技能要求	素质要求
➤ 直播间辅助角色，能协助主播进行直播 ➤ 深度参与直播流程策划，在整个直播过程中能配合主播进行不同环节的转换和调整 ➤ 熟悉直播平台管理规则，能配合主播避免出现违规操作及用语 ➤ 熟悉选品原则，对产品有深度了解，能帮助主播补充产品的相关使用知识 ➤ 掌握相关的销售心理学及话术，懂得在直播过程中洞察用户的心理变化，通过话术活跃互动氛围 ➤ 具有良好的个人素养，能坚持做幕后策划人，辅助主播的人设建立 ➤ 能稳定开播，能保证一定的开播量，每月至少直播 20 天，每天至少直播 4 小时	➤ 基础能力：较好的口头表达能力，较强的协调和配合能力 ➤ 应变要求：有临场应变能力，能对直播过程中的突发事件进行应急处理 ➤ 心态要求：甘于给主播当助手，不喧宾夺主 ➤ 其他要求：对行业有专业理解	➤ 具备良好的道德素养、人文素养及心理素质 ➤ 具备较高的网络素养、诚信素养 ➤ 具备良好的人际沟通素养和团队协作素养 ➤ 具备基本的创新精神及创业意识

2.2.3　运营岗位

运营岗位是直播电商中的综合岗位，主要负责直播电商的整体规划和统筹。运营岗位的岗位职责、技能要求、素质要求具体如表 2-4 所示。

表 2-4　　　　　　　　运营岗位的岗位职责、技能要求、素质要求

岗位职责	技能要求	素质要求
➢ 负责直播电商的统筹和执行 ➢ 熟悉并掌握各个不同直播平台的特点及优劣势，能根据直播内容及产品选择合适的平台 ➢ 熟悉并掌握直播电商的策划操作，能策划直播操作流程及规范 ➢ 熟悉供应链的相关专业知识，能确定选品操作规范 ➢ 具备数据分析能力，能分析平台数据，及时调整直播的策划方案以及优化选品	➢ 基础能力：良好的观察能力，注重细节，执行能力强 ➢ 运营要求：具备沟通和协调能力，能选择对直播有价值的资源 ➢ 知识要求：熟悉平台规则，具备内容策划能力，能根据产品策划直播活动 ➢ 其他要求：熟悉产品供应链，能根据选品及时调整定价及内容策划	➢ 具有多个电商岗位实践经验，具备较强的管理能力 ➢ 良好的职业素养和抗压能力，适应直播电商行业较快的工作节奏 ➢ 良好的个人素养，善于总结问题并自我调整 ➢ 良好的自我学习能力，具有创新素质

2.2.4　经纪人岗位

经纪人岗位是直播电商中特有的岗位，主要负责直播电商人才的挖掘和培养。经纪人岗位的岗位职责、技能要求、素质要求具体如表 2-5 所示。

表 2-5　　　　　　　　经纪人岗位的岗位职责、技能要求、素质要求

岗位职责	技能要求	素质要求
➢ 负责主播和辅播人才的挖掘和培养 ➢ 负责直播人才的培训，能梳理企业人才培训体系 ➢ 了解娱乐经纪行业及直播行业的发展趋势 ➢ 具备良好的职业素养，在保持直播人才独立性的前提下帮助其提高直播的相关表演技艺 ➢ 对直播进行正面的理解和思考	➢ 基础能力：熟悉直播电商人才要求，善于挖掘有成为主播潜质的人才 ➢ 其他要求：善于发掘他人的亮点和专业技能 ➢ 知识要求：熟悉娱乐行业艺人培养流程，会调整主播及辅播在镜头前的表演状态	➢ 具有良好的心理素质，具备危机处理和应变能力 ➢ 善于与人交流，从业经验丰富 ➢ 具有娱乐营销意识和市场战略眼光；具有较强的法律意识

2.2.5　商务岗位

商务岗位是直播电商中的必要岗位，主要负责直播电商渠道和客户等资源的开发与维护。商务岗位的岗位职责、技能要求、素质要求具体如表 2-6 所示。

表 2-6   商务岗位的岗位职责、技能要求、素质要求

岗位职责	技能要求	素质要求
➤ 能开发和维护直播电商渠道资源，与客户建立良好的合作关系 ➤ 能按时完成公司阶段性任务及 KPI ➤ 与其他岗位人员良好沟通，确保产品及时投放与问题及时反馈 ➤ 能规划和组织相应的活动策划、活动实施及项目落地 ➤ 对相关数据进行统计、汇总	➤ 基础能力：具有广告类、营销类专业学历或相关实践经验，熟悉直播电商的选品要求 ➤ 状态要求：具有敏锐的市场洞察力，具备良好的客户开拓能力，有较强的沟通和谈判能力以及口头表达能力和书面表达能力 ➤ 进阶要求：具备资源整合能力，善于匹配直播电商的发展阶段和选品资源	➤ 沟通能力强，责任心强，抗压能力强，有极强的目标感 ➤ 适应直播电商行业的快速发展，精力充沛，具备在较强压力下出色完成任务的能力 ➤ 敢于面对挑战，与客户群体关系良好 ➤ 具有较强的法律和风险意识

2.2.6 客服岗位

客服岗位是直播电商中的服务岗位，主要负责直播电商客户的售前、售中和售后服务。客服岗位的岗位职责、技能要求、素质要求具体如表 2-7 所示。

表 2-7   客服岗位的岗位职责、技能要求、素质要求

岗位职责	技能要求	素质要求
➤ 负责收集客户信息，了解并分析客户需求，策划客户服务方案 ➤ 熟悉产品信息，掌握沟通技巧，正确解释并描述直播产品属性 ➤ 有效进行客户管理和沟通，了解客户期望，跟进回访客户，升级服务，负责发展维护良好的客户关系 ➤ 负责产品相关数据的收集和维护	➤ 基础能力：接待客户热情大方，能积极主动帮助客户解决能力范围内的任何销售问题；打字速度快，能同时应对多人在线咨询，并能及时、正确地做好备注工作 ➤ 状态要求：工作主动热情，仔细耐心，能保持高效的工作状态	➤ 责任心强 ➤ 思维灵活，沟通能力强，有良好的应变能力 ➤ 熟悉各大直播平台的交易操作流程 ➤ 能熟练解答客户提问，推介产品，熟悉促进销售、订单生成等相关流程

2.3 短视频岗位职责与技能

直播电商可以跨平台运营，如同时在抖音、快手运营，跨平台运营派生多种岗位需求。直播电商是通过在线直播建立人设 IP 的过程，跨平台的价值在于扩大直播的用户覆盖面。直播实时传递内容，因此人设 IP 的建立要融合电商，通过成交加深用户对直播内容的印象。

跨平台的另一个要求在于从直播内容跨到短视频内容。短视频非实时传递内容，是提前策划并录制好的，配合直播可以更快速地实现人设 IP 的建立。直播具有即时互动性强、沟通性强的特点，短视频则具有内容精细化、碎片化的特点，短视频内容的制作门槛比直

播更高，内容的策划和制作成本投入更大，对相关岗位的技能有更多要求。短视频岗位具体分为短视频策划岗位、短视频制作岗位和短视频运营岗位。

2.3.1　短视频策划岗位

短视频策划岗位主要负责脚本的创作和撰写。短视频策划岗位的岗位职责、技能要求、素质要求具体如表 2-8 所示。

表 2-8　　　　　短视频策划岗位的岗位职责、技能要求、素质要求

岗位职责	技能要求	素质要求
➤ 策划主播或辅播的人设 IP 定位，确定粉丝画像 ➤ 围绕人设 IP 进行内容创作，负责短视频项目的开发及策划 ➤ 负责项目创意脚本撰写，设计戏剧性桥段并创作分镜头脚本	➤ 基础能力：熟悉短视频内容市场，了解年轻用户的内容喜好 ➤ 策划要求：涉猎广泛，文字功底扎实 ➤ 进阶要求：熟悉不同内容的策划流程及创意思路，有相关写作经验，有较强的创新和写作能力，叙事逻辑清晰	➤ 内容敏感度高，执行效率高 ➤ 网络感觉好，思维活跃 ➤ 有良好的沟通能力和抗压能力 ➤ 熟悉当下热点和网络文化

2.3.2　短视频制作岗位

短视频制作岗位主要负责短视频的拍摄和剪辑。短视频制作岗位的岗位职责、技能要求、素质要求具体如表 2-9 所示。

表 2-9　　　　　短视频制作岗位的岗位职责、技能要求、素质要求

岗位职责	技能要求	素质要求
➤ 负责短视频内容的拍摄和剪辑，调度与控制现场 ➤ 结合产品特性，策划短视频的内容脚本、拍摄脚本和细化脚本 ➤ 管理、维护拍摄和后期制作设备	➤ 基础能力：熟悉短视频的拍摄手法和剪辑操作，熟悉短视频的音乐运用 ➤ 状态要求：研究和分析视频类媒体趋势，能创作高质量的视频 ➤ 进阶要求：具有较好的美术功底与审美能力，对构图、色彩及镜头语言有清晰的认识	➤ 吃苦耐劳，有责任心 ➤ 具备良好的逻辑思维、协调和沟通能力 ➤ 思维活跃，想象力丰富，有一定的创新能力、动手能力

课间案例

直播岗位需求巨大

2022 年 7 月，一则招聘视频在朋友圈被不断传播，发布者为遥望网络官方视频号。视频显示公司目前有 300 多个岗位空缺，亟须人才补充。

遥望网络诞生于"电商之都"——杭州，是一家以直播为核心的综合型科技企业，也是A股首家直播电商领域的上市公司。从公开招聘渠道可见，公司此次开放300余个岗位，在招岗位类型十分丰富，包括了产品研究、直播、短视频、招商、职能支撑等，有部分高职级岗位通过猎头渠道代招。

据智联招聘联合淘榜单发布的《2021年直播产业人才报告》，2021年第三季度，直播相关岗位平均薪酬同比上涨10.78%，突破"万元大关"。直播岗位的求职人数同比增加46.69%，求职者增幅明显大于岗位增幅。

如今，直播电商已经成了品牌不可或缺的营销渠道。行业的快速发展，也对人才队伍提出了更高的专业化要求。业内人士分析，遥望网络大批量招聘，可能孵化出"直播电商"行业新的"跑道"。

据悉，作为直播电商行业里的头部公司，遥望网络已建立了完整的直播矩阵，如今共签约合作艺人近40位，达人主播百余位，建立了超过2万个的国内外知名品牌入驻的供应链体系和仓储体系。一直以来，遥望网络在直播电商人才培养方面不断进行创新探索，持续补充团队力量，培养专业人才，致力于行业标准化、规范化，助推直播电商行业良性发展。

2.3.3　短视频运营岗位

短视频运营岗位主要负责短视频内容的分发、维护和分析。短视频运营岗位的岗位职责、技能要求、素质要求具体如表2-10所示。

表2-10　　　　　短视频运营岗位的岗位职责、技能要求、素质要求

岗位职责	技能要求	素质要求
➢ 负责在平台分发内容及收集、分析数据 ➢ 归纳内容的运营亮点，配合策划完成内容的升级 ➢ 在多个短视频平台上传短视频，并负责日常维护工作 ➢ 负责短视频自媒体运营相关事宜，对各平台视频运营数据进行监控	➢ 基础能力：熟悉短视频平台的内容推荐规则和流量推广规则，具备平台的数据分析能力 ➢ 其他要求：思维活跃，善于总结沉淀，具备高效的执行力，具备较强的统筹、沟通协调能力，乐于分享 ➢ 进阶要求：了解行业的运营基本规则并能在遵守规则的基础上进行运营的优化	➢ 思维活跃，有想法，对短视频自媒体行业有一定的了解 ➢ 能发现新的短视频发布渠道，可提出运营改进方案 ➢ 有洞察力，具备优秀的创意能力

2.4　直播电商人员胜任力及培养

扫一扫看微课

微课2-2

尽管直播电商领域的工作岗位类似，但不同直播电商人员最终的绩效差异却非常显著，直播电商人员素质的高低和能力的强弱，对直播电商的

发展起到非常重要的作用。直播电商人员除了应该具备工作要求的专业技能，还应该具备相关的经营管理知识。

2.4.1　胜任力与胜任力模型

1.　胜任力

胜任力这个概念最早是由美国哈佛大学教授戴维·麦克利兰于 1973 年正式提出的，他认为胜任力是知识、技能、动机、特质和价值观等任何可以被可靠测量或计数的，并且能显著区分优秀与一般的个体特征。

目前比较一致的观点认为，胜任力是指在工作情景中员工的价值观、动机、个性或态度、技能或能力和知识等关键特征的集合体。胜任力虽然与技能、知识、个性等方面紧密联系，但是从胜任力的操作层面来看，胜任力并非这几个方面的简单相加。

胜任力可以分为企业（组织）、岗位和个人 3 个维度，如图 2-2 所示。胜任力必须具备两个重要特征才能被认可。第一，胜任力与工作绩效有密切的关系，员工的工作绩效可以用胜任力来评估，胜任力能够用来区分绩效优异者与绩效普通者，并非所有的个性特质、技能、知识都能够成为胜任力；第二，胜任力与具体的业务场景相联系。

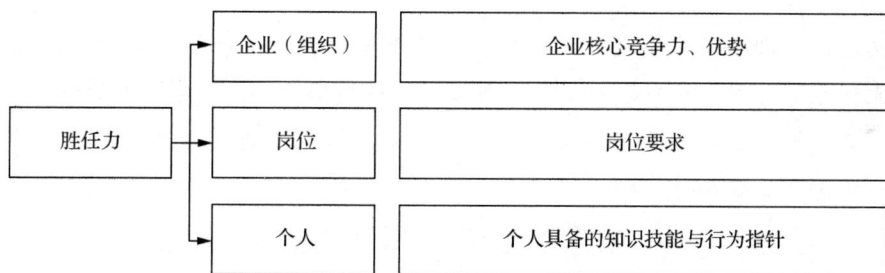

图 2-2　胜任力的 3 个维度

2.　胜任力模型

胜任力模型（Competence Model）是指担任某一特定社会角色所需要具备的胜任特征总和，是针对特定职位要求组合起来的一组胜任特征。胜任力模型为某一特定组织或角色提供了一个成功模型，反映了某一既定工作岗位上个体成功的所有重要的行为、技能和知识。胜任力模型是一组胜任特征，能够区分绩效优异者和绩效普通者。通常所说的"能力标准或能力指标"，就是指各项胜任特征，而这些胜任特征组合形成胜任力模型。胜任特征冰山模型是广为接受的描述胜任特征内部结构一种模型，如图 2-3 所示。

胜任特征冰山模型就像冰山，在水面上显露出来的冰代表显性胜任特征，如知识、技能等方面；在水面之下的冰代表隐性胜任特征，包括能力、天赋、价值观、性格特质和动机等深层次特征。二者相比，水下的冰不易被外界影响，相对稳定。因此，能够决定员工行为表现的是隐性胜任特征。

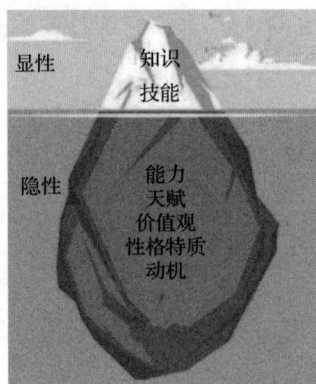

图 2-3 胜任特征冰山模型

2.4.2 直播电商人员胜任力模型

从职业特点来看，直播电商强调与消费端的密切联系，直播电商人员需要具备突出的人际理解力和良好的沟通表达能力。从直播电商人员个人特质来看，其必须具有良好的心理素质和坚韧的个性品质，尤其是一名好主播要具备多种能力，如对产品卖点敏感、销售技巧熟练、有较强的互动能力、善于分析总结数据、有营销和活动策划能力等。

综上所述，直播电商人员胜任力素质分为 7 种要素，分别是学习能力、社交能力、团队精神、成功欲望、创新能力、个人影响力和人际理解力，每个要素下有具体的素质内容，并且每个要素的层次等级与直播电商不同岗位相关，从而形成直播电商岗位胜任力素质模型雷达图，如图 2-4 所示。

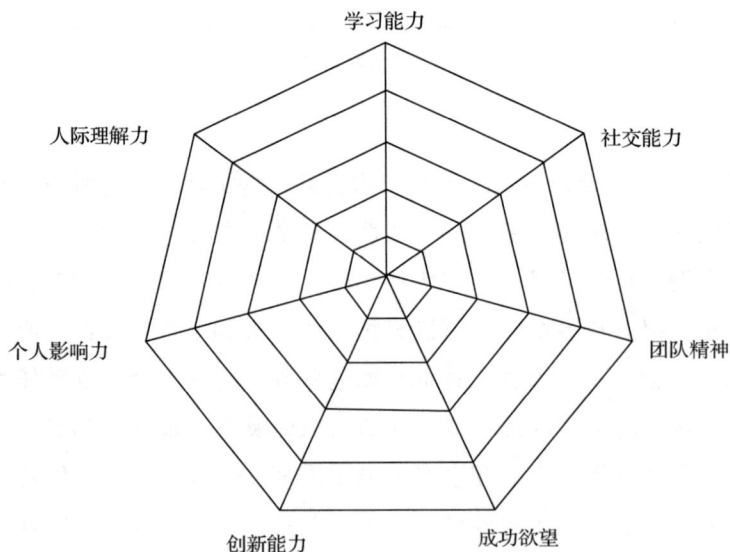

图 2-4 直播电商岗位胜任力素质模型雷达图

1．学习能力

学习能力是指个体从事学习活动所需要具备的心理特征，是顺利完成学习活动的各种能力的组合。

学习能力是直播电商的基本能力要求，直播电商发展迅猛，各种知识、技能层出不穷，快速迭代，高效的学习能力是直播电商人员能够实现高绩效运营的基础和关键因素。

学习能力包括以下 3 个方面。

（1）思维能力。从思维过程上说，思维能力包括分析与综合能力、比较能力、抽象与概括能力；从思维方式上说，包括判断与推理能力、发散思维与辐合思维的能力等。

（2）感知能力。感知能力表现为对学习内容、方法及学习情境的选择、理解和整体认知，对信息的观察，包括对消费者的感知。

（3）适应能力。适应能力包括学习适应与调节能力、自我反馈与评定能力、学习方法的选择与创造能力、学习心得经验的总结能力等。

2．社交能力

社交能力也称社会交际能力，反映为能够有效建立一种合作伙伴关系，能构建促使工作完成的社会关系网络，并利用沟通和协调能力，协调处理各方面的冲突、利益与关系，达成相互理解、尊重和信任，并能形成长期社会关系。

社交能力对于直播电商人员来说是必不可少的重要能力。直播电商发展迅速，许多规则和管理不够健全，在这种情况下，直播电商人员就需要创造性地开拓工作，利用个人影响力、组织意识、沟通和协调能力等与各方面建立合作共赢的关系，并取得对方的信任与配合，以更好地完成工作任务。

社交能力包括以下 3 个方面。

（1）社交意识。与用户沟通，利用资源建立促进工作任务完成的关系网络。

（2）沟通能力。沟通能力是指与他人有效进行信息沟通的能力。

（3）公关能力。公关能力包括在社交场合的介入能力、适应能力、控制能力等，能够理解社交礼仪与规则，并做出行为反应。

3．团队精神

团队精神是大局意识、协作精神和服务精神的集中体现，核心是高度协同，全体成员具有强大的向心力和凝聚力。团队成员强烈地感受到自己是其所在团队的一个有机组成部分，团队成员由衷地把自己的发展与团队的前途紧密联系在一起，愿意为其所在团队的利益与目标而倾尽全力。

团队精神是直播电商人员胜任力体系的一大特色，是其他能力的前提和基础，在工作中具备合作精神，是直播电商人员必备的素质。团队精神具体表现为团队成员对其所在团队具有高度热情和无限忠诚，不允许任何对团队的发展和利益有所损害的事情发生，同时极具整体荣誉感，会为团队的成功而骄傲兴奋，为团队所面临的困境而忧虑。当团队利益和个人利益发生冲突时，团队成员一般需要优先考虑团队利益，这一点对直播电商人员来说尤为重要。

团队精神包括以下 4 个方面。

（1）大局意识。注重团队利益，当团队面临困境时，先从团队的整体利益着想，以团队的利益为重。

（2）服务意识。组织全体成员在与客户交往中，做到热情、周到、主动服务。

（3）团队协作。为达到组织既定目标，具备自愿合作和协同努力的素质。

（4）创建信任感。能够对组织成员，以及对与组织存在利益联系的组织或个体产生信任感，愿意相互合作。

4．成功欲望

成功欲望是指个人具有圆满完成任务或在工作中追求卓越表现的强烈愿望，这是取得优异绩效的核心驱动力。

成功欲望是个人实现更高目标的保证，强烈的成功欲望是个人获取优异绩效的动力和源泉，是乐于接受创造性、挑战性工作的前提。

成功欲望包括以下 4 个方面。

（1）上进心。即进取心，个人朝更高目标努力奋进的意愿和行动力，能够促进个人追求更高成就。

（2）敏锐度。能够敏锐地发现周边存在的风险或机会，并准确识别风险或把握机会，促成交易或建立关系。

（3）责任心。责任心是指对责任的感知和感受，是个体从授权人那里接受责任之后，内化于心的一种心理状态，是个体履行责任的精神内驱力，是个体认真完成任务的态度。

（4）成就感。个人完成任务后，为自己所做的事情感到愉快或喜悦，尤其是完成了极具挑战性的任务，成就感会激发个体向更高目标迈进。

5．创新能力

创新是一种打破常规的实践活动，是开拓认知的新领域、新方法或新途径。创新能力建立在推理、想象、联想或直觉等思维能力之上。

创新能力是直播电商人员应具备的一项特殊胜任力，这是由直播电商人员的工作性质决定的。直播电商人员由于直接实时面对特征各异的消费者，各种信息量巨大，变化非常迅速，所以需要创新能力。一项创新成果往往要经过长期探索，甚至多次失败才能取得，而创新能力也要经过长期的知识积累、素质磨砺才能具备。

创新能力包括以下 3 个方面。

（1）反应迅速。面对新出现的状况和问题，能够迅速做出反应，并及时调整运营思路，拟定应对措施。

（2）接受新事物。关注最新的产业和技术动向，能够及时把握新事物，并合适地将新事物运用到经营管理中。

（3）突破传统。能够突破传统思维模式和行为方式，寻找解决问题和应对环境变化的新思路和新办法。

6．个人影响力

个人影响力是指个人对他人的影响力，能够使他人信服、认同并拥护的个人特质或行为模式。直播电商的成功主要来自主播的个人影响力。

个人影响力是影响他人的、能够让他人信服和认同的能力。对组织而言，个人影响力可以让组织成员在认识上和行动上保持一致，更好地贯彻和执行既定方案，并能够取得组织成员的认同和拥护。

个人影响力包括以下 4 个方面。

（1）策略性。能够使用有效策略去促使他人接受、认同并拥护某种观点，支持最终行动方案和目标。

（2）说服力。能够用语言或非语言的方式，使得他人认同自己的看法和价值观，达成共识。

（3）个人威望。在团队中获得的尊敬和肯定，是由个人的人格魅力和行为方式决定的。

（4）高效率。能够迅速并有效完成既定任务，并为他人做出表率。

7．人际理解力

人际理解力是指理解他人思想的能力，尤其对他人未表达出或部分表达出的想法、感觉和关注点的准确理解和把握。人际理解力暗含一种去理解他人的愿望，能够帮助个人体会他人的感受。

人际理解力是直播电商运营管理中的重要工作技巧，也是直播电商人员必须具备的关键素质之一。人际理解力是通过他人的语言、语态、动作等理解并分享他人的观点，抓住他人未表达的疑惑与情感，把握他人需求的能力。就其功能而言，人际理解力是成就高水平的影响力与服务精神的不可或缺的基础，也是组织关系有效建立的支撑。

人际理解力包括以下 3 个方面。

（1）理解力。理解力是指理解他人意愿、想法和内心感受的能力。具有理解力的人通常表现出较强的亲和力。

（2）观察力。这是一种有目的、有计划、比较持久的知觉，是对客观事物感性认识的一种主动表现。

（3）情绪稳定。不易因外界刺激而产生情绪波动，或情绪波动较小。

2.4.3 直播电商人才培养与考核

基于胜任力模型的工作分析进一步提出了人与组织之间应匹配。员工不仅要满足直播电商工作岗位的需要，而且其个体内在特质与组织的基本特性也要一致。

按照直播电商岗位胜任力素质模型的主要框架，构成高绩效直播电商的胜任特征主要取决于学习能力、社交能力、团队精神、成功欲望、创新能力、个人影响力和人际理解力7个方面，根据此模型，可建立直播电商人才培养体系。

1．直播电商人才培养规划

根据直播电商职业发展的需要，进行科学合理的岗位培训是直播电商发展的关键。职业发展规划是为了实现职业生涯的各个阶段目标而进行的知识、技能等方面的培训和教育活动，合理的职业发展规划有助于直播人设IP成功建立。

2．直播电商人才培养内容

在直播电商中，不同行业、不同个体所需要具备的胜任力模型是不同的，因此，有关胜任力内容的培训也应该有不同的侧重点。

第一，从行业的角度来说，不同行业的直播电商有不同的特点，如服装直播以女性主播偏多，农产品直播强调原生态和体验感，而电子产品直播更强调产品性能，所以应根据不同的直播电商行业，针对培训对象、培训课程和培训师资等方面进行培训内容的设计和规划。

第二，从个体的角度来说，不同的从业年限、不同平台的直播电商胜任力培训的侧重点也不尽相同。从业年限对直播电商胜任力影响较大，从业年限短的人员胜任力普遍低于从业年限长的人员。从平台特性的角度来说，每个直播平台定位不同，对直播人员胜任力的要求也不同，如抖音更侧重艺能展示，淘宝则偏向于销售技能。

课间案例

直播电商人才汇聚杭州

人才是驱动产业发展的引擎，传统电商的发达，为杭州发展直播电商提供了全方位的人才支撑。

杭州拥有一批颇具实力的MCN机构，源源不断地为杭州供给优秀的主播。对于优秀的主播，杭州还从政策层面给予支持。2020年，杭州市余杭区发布相关直播电商政策，明确有行业引领力、影响力的直播电商人才，可按最高B类人才（国家级领军人才）享受相关政策。

杭州对直播电商人才的专业培养也在加强，通过在杭高校、电商平台和MCN机

构协作，开设专业课程，形成一批专业培训机构。2021 年央广云数新媒体学院也在杭州落地，共同为杭州直播电商的专业人才培育提供支撑。2022 年 6 月 2 日，杭州市人民政府出台《杭州市人民政府办公厅关于促进杭州市新电商高质量发展的若干意见》，其中包含了不少补贴和扶植的相关政策，如"对本地年实际交易额在 100 亿元以上的电商平台，给予不超过 100 万元的一次性奖励""对符合发展规划、产业定位明晰、公共服务等配套功能齐全的新电商园区（基地），按其实际投资额的 20% 给予园区不超过 500 万元的一次性资助"等。

如今杭州汇集了全国最庞大的直播电商人才群体。据浙江省商务厅统计，截至 2022 年 2 月，杭州已有综合类和垂直类头部直播平台 32 个，主播近 5 万名，直播相关企业注册量超 5 000 家，数量列全国第一。

3．直播电商人才技能考核

直播电商从业人员的技能可以分为初级、中级、高级 3 档。

初级技能是从事直播电商经营活动的一般性员工所具备的能力，如产品描述、直播工具使用、产品拍摄美化、脚本撰写等。

中级技能是从事直播电商经营活动的骨干级员工具备的能力，如直播营销策划、粉丝管理维护、直播运营等。

高级技能是从事直播电商经营活动的领军级员工所具备的能力，如直播营销渠道的开发、供应链管理、模式创新等。

直播电商人才测评考核一般分为 3 个模块：电商基础理论知识、电商实践技能操作、电商职业道德。表 2-11 所示为直播电商人才测评考核标准。

表 2-11　　　　　　　　　　直播电商人才测评考核标准

技能级别	电商基础理论知识	电商实践技能操作	电商职业道德
初级	（1）计算机基础知识和应用； （2）网络的应用基础知识； （3）直播电商基本概念； （4）网络营销基础知识和基本方法； （5）电子商务安全基础知识	（1）网络客服方向：在线洽谈及沟通技巧、订单及交易纠纷处理、电商平台操作等； （2）摄影技巧方向：图片拍摄基础知识、图片素材规划、图片处理及美化等； （3）仓储物流方向：电子商务与现代物流、快递基础知识、仓储及库存管理、订单管理等； （4）主播方向：素质素养、表现力、产品描述、直播工具的使用	基本商业伦理、服务信用、防止商业欺诈等意识

续表

技能级别	电商基础理论知识	电商实践技能操作	电商职业道德
中级	（1）直播电商概论； （2）直播电商网络与营销； （3）直播电商的数据仓库技术； （4）直播电商的业务流程重组技术； （5）直播电商与供应链的集成应用； （6）直播电商的法律与法规	（1）运营推广方向：搜索引擎营销优化、电商平台运营推广等； （2）平台建设方向：电商网站规划、数据库基础等； （3）物流管理方向：电商物流信息技术、电商物流服务管理等； （4）主播方向：带货力、文化素养、才艺展示等	保密及防止隐私泄露等方面的意识
高级	（1）直播电商模式创新与传统企业转型策略； （2）直播电商营销策略与数据分析； （3）直播电商团队建设与管理； （4）直播电商的法律与法规； （5）直播电商工具； （6）直播绩效管理； （7）直播数据驱动及改善	业绩评估报告：要求提交企业经营业绩案例，组织专家以案例分析方式进行评估打分	商业伦理、服务信用、防止商业欺诈、数据保密及防止隐私泄露等方面的意识

按照胜任力模型，显性的胜任力特征，如知识、技能是处于水面上的胜任力，是胜任力结构中的上层部分，容易改变，但是不具备将绩效优异者与绩效普通者区分开的功能。而隐性胜任力，即价值观、性格特质和动机等，处于水面下，是影响个人绩效表现的关键性因素，相对难以改变。因此，在制订培训规划时，应该充分考虑和权衡相关因素。

归纳与提升

第一，本章对直播电商人才产业集群化、专业化、综合化和多元化的特征进行了介绍，这些人才特征对直播电商人才提出了新的要求。

第二，本章在对直播电商人才基本分类的基础上，提出了直播电商和短视频两类岗位的技能要求，其中直播电商岗位包括主播、辅播、运营、经纪人、商务和客服岗位，短视频岗位包括策划、制作和运营岗位。

第三，本章结合胜任力和胜任力模型的基础理论，介绍了直播电商人员胜任力模型。直播电商人员胜任力素质主要包括学习能力、社交能力、团队精神、成功欲望、创新能力、个人影响力和人际理解力 7 个要素。

第四，针对直播电商人才培养，本章列出了直播电商培训规划和考核内容。

名词解释

主播岗位；辅播岗位；经纪人岗位；短视频运营岗位；胜任力；胜任力模型

复习思考题

一、单项选择题

1．以下关于新媒体主播职业定位不正确的是（　　　）。

　　A．新媒体主播是新媒体节目形态的"把关人"

　　B．新媒体主播是所在节目的"窗口"

　　C．新媒体主播是跟受众没有关系的独立存在

　　D．新媒体主播是社会舆论的倡导者

2．2020 年 7 月 6 日，人力资源和社会保障部联合国家市场监督管理总局、国家统计局向社会发布了"互联网营销师"等在内的 9 个新职业。其中"互联网营销师"职业包含但不限于（　　　）。

　　A．销售员　　　　　B．营销员　　　　　C．营销师　　　　　D．直播销售员

3．主播的业务能力主要包括（　　　）。

　　A．细分领域的高知名度　　　　　B．良好的直播态度

　　C．特有的直播技巧　　　　　　　D．以上都是

二、多项选择题

1．在直播团队中，拍摄剪辑人员的职责一般有（　　　）。

　　A．负责直播数据运营、推广等　　B．售后服务

　　C．负责直播前视频拍摄及剪辑工作　　D．负责直播时镜头的操控工作

2．直播团队中客服岗的主要工作有（　　　）。

　　A．开播前，确认商品、样品及道具是否准备好

　　B．在直播过程中回答商品的相关咨询

　　C．负责物流沟通

　　D．处理用户的售后问题

3．主播职业具有广泛的属性，具体包括（　　　）。

　　A．销售员的属性　　　　　　　　B．演员的属性

　　C．编剧、导演的属性　　　　　　D．粉丝代表的属性

三、判断题

1．品牌商开展直播电商活动，选择主播的方式有通过 MCN 机构对接主播和商家自行培养主播两种。（　　　）

2．直播电商作为新的电商形态，具有实时性、交互性、内容化、社交化、碎片化等特征。（　　）

3．辅播岗位是辅助主播的，因此不需要深度参与直播流程策划，在整个直播过程中能配合主播进行不同环节的转换和调整即可。（　　）

四、简答题

1．直播电商的人才特征有哪些？

2．如何理解直播电商人员胜任力模型？

3．直播电商有哪些基本岗位及各岗位的技能要求是什么？

4．试述直播电商人才培养方法。

五、案例分析题

某主播直播间销售一款某品牌运动鞋，有客户联系该品牌店铺客服，表示收到货后发现货品有质量问题，要求换货，经品牌方与该客户初步沟通，因该运动鞋已售罄而无法换货，可以退货款。该客户也联系了直播团队反映售后问题，但该直播团队认为售后问题应该找品牌店铺客服。显然，客户对此事的处理结果非常不满意，于是在网上予以曝光，还给了店铺差评。阅读以上材料，回答以下问题。

1．针对该客户遇到的换货难的问题，直播团队应该如何应对？

2．直播结束后，直播团队为什么还需要协助处理客户售后问题？

场景实训

一、使用 AIGC 工具制定直播电商人才岗位规划

1．明确使用目的

使用 DeepSeek 为企业缤纷汇制定一套可参考的直播电商人才岗位规划。缤纷汇是一个专注于多品类商品销售的直播电商平台，其希望通过优化人才岗位设置，提升团队整体效能，实现销售目标的快速增长，并强化品牌形象。

2．明确岗位规划目的

此次直播电商人才岗位规划的目的是确保每个岗位都能发挥最大效能，促进团队协作，提高整体运营效率，同时吸引和培养具备专业技能和素质的人才，为缤纷汇的长期发展奠定坚实基础。

3．确定要求

根据使用目的和岗位规划目的，结合直播电商行业的特性和缤纷汇的实际需求，提出以下具体要求。

企业背景：缤纷汇，一个专注于多品类商品销售的直播电商平台，拥有广泛的商品线和稳定的用户基础。

岗位规划目标：通过优化岗位设置，提升团队整体效能，实现销售目标的快速增长，并强化品牌形象。

岗位需求：涵盖直播电商的各个环节，包括主播、辅播、运营、经纪人、商务、客服、短视频策划、短视频制作、短视频运营等岗位。

具体要求：请使用 DeepSeek 工具为缤纷汇量身定制一套直播电商人才岗位规划，包括岗位设置、岗位职责、技能要求、素质要求以及岗位间的协作关系等关键环节。

4．发送要求并获取岗位规划

打开 DeepSeek 页面，在文本框中输入上述要求，并按"Enter"键发送，如图 2-5 所示。

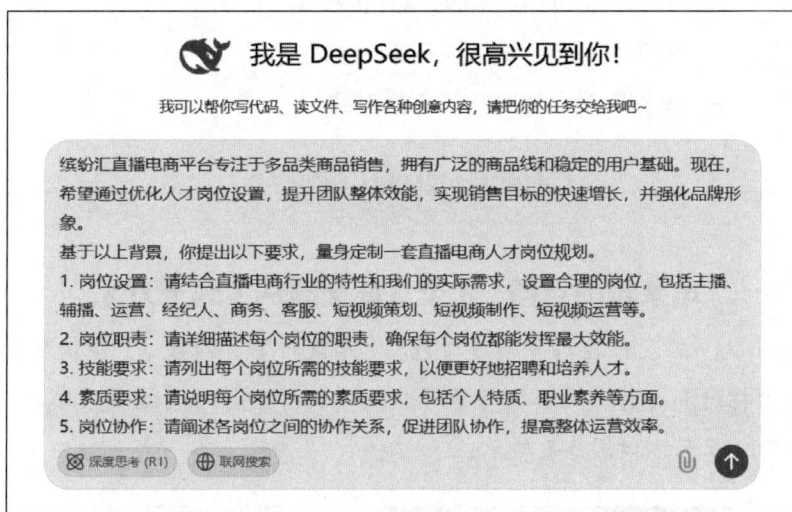

图 2-5　使用 AIGC 工具制定直播电商人才岗位规划

二、调研直播电商企业岗位情况

【实训目标】

1．了解直播电商人才特征；

2．了解直播电商岗位设置和职责；

3．对比直播电商各类岗位技能的差别。

【实训内容】

调研三家直播电商企业，分析各企业的直播电商有哪些岗位，详细描述每一个岗位的职责和技能情况，并对比三家企业岗位设置的异同。

【实训要求】

1．通过对企业直播电商人才特征的分析，总结直播电商人才的基本技能和素质要求；

2．根据企业现有直播电商人才的需求问题，提出有针对性的解决方案。

第 3 章
直播电商的筹划与准备

学习目标

➢ 理解直播电商定位的步骤

➢ 了解直播电商的前期准备工作

➢ 熟悉人设 IP 在直播电商中的作用

➢ 熟悉有关电商直播流程策划的内容

➢ 掌握电商直播脚本的主要内容

引例

珀莱雅的自播：3 个月成交额从零到千万元

2020 年 12 月起，珀莱雅在抖音创建了包括"珀莱雅官方旗舰店"在内的自播账号矩阵。经过团队的精心打造和运营，品牌官方账号仅用不到 3 个月时间就积累了 41.7 万个粉丝，总成交额达 2 709 万元，如图 3-1 所示。

图 3-1　珀莱雅抖音的直播

1. 借助合作形式，建立"1+2"自播矩阵

珀莱雅建立专人专项团队，对品牌自播的内容、运营等进行钻研突破。与美妆头部达人机构"遥望网络"等合作，实现包括"珀莱雅官方旗舰店"在内的 3 个账号协同直播。

2. 构建私域流量池，奠定转化基础

通过短信引导全渠道粉丝，将品牌线下会员、其他渠道消费者 / 粉丝导入抖音账号。通过长期短视频内容 + 频繁直播运营，持续引导用户关注，将其转化为品牌忠实粉丝。借助品牌曾经与达人合作沉淀的用户基础，在"蓝 V 账号"内集中触达抖音上的品牌粉丝。

3. 结合品牌详情，优化自播路径促转化

与服务商深入沟通品牌相关情况，每场直播复盘，以优化下一场直播效果。结合其他优秀品牌自播标准及品牌自播情况，总结抖音号、抖店、自播、短视频等方面优化原则，促进品牌自播快速成长。根据自播数据进行 14 个维度纵向对比，关注并提升重点数据。与同行业优秀品牌、商家、达人直播数据横向对比，了解自身所处层级，明确发展方向，并针对不同维度进行优化。例如，保持每日直播，培养用户看播习惯；每日最佳开播时间为粉丝最活跃的 18:00 左右，场均直播时长稳定在 4 ~ 6 小时，为转化打好基础；除产品专业讲解外，丰富直播间玩法，延长粉丝停留时间；锚定核心投放策略，围绕目标精准配合；建立品牌直播团队，对员工、主播进行专项培训，逐步树立品牌主播人设，培养主播主人公心态；结合平台大促，策划"工厂日"等活动，在直播中带领粉丝参观工厂、了解产品生产线等，拉近与粉丝的距离，提升转化率。

思考题

1. 珀莱雅如何在不到 3 个月的时间内就积累了 41.7 万个粉丝，总成交额达 2 709 万元？

2. 查找资料，分析珀莱雅为直播做了哪些方面的准备。

工欲善其事，必先利其器。企业要成功地开展电商直播，必须进行有效的筹划，除了精准定位，还需要充足的前期准备，以及完善的直播流程，这样才可以实现提高销售转化效率和树立品牌形象的目的。

3.1　直播电商的定位

直播电商的实时性、真实性和直观性等特点，决定了主播在直播过程中需要快速且精准地向用户传递信息并进行实时互动，所以开展直播电商工作必须先找准定位，以保证主播充分理解企业的商业逻辑与商业行为，从而优化直播效果。

直播电商的达人带货模式，区别于传统搜索型电商，直播电商的达人带货模式是主播作为导购，输出专业知识，针对消费者痛点进行引导，并借助真实评价、

扫一扫看微课

微课 3-1

反馈与互动交流提供购买建议，从而促成消费转化。一场成功的直播实际上是一项系统工程，首先要做的就是精准识别消费者需求，找到消费者痛点，并从直播内容上寻找差异化的突破点，其主要包括以下 4 个步骤。

第一步，要深入调研消费者，分析消费者的基本信息，如性别、年龄、职业、收入水平、地理位置等，完成消费者细分，挑选合适的直播受众，以使直播有的放矢。

第二步，选择适合所推荐商品的消费者群体，并构建消费者画像，在这个过程中，企业需要解决"6W1H"相关问题，即：直播受众是谁（For Whom）、他们需要买什么（What）、为什么买（Why）、哪些人参与购买（Who）、在哪购买（Where）、何时购买（When）、如何购买（How）等问题。这有助于了解消费者的行为特点，帮助主播做出更有效的直播行为，并为商品供应链相关人员提供工作依据。

第三步，针对消费者的痛点，有效设计直播的看点、商品的卖点，提高直播的商业价值。就目前而言，直播电商不仅头部效应明显，同质化现象也非常严重，多数直播间的定位都围绕着专业性、性价比、货品丰富等关键词，但这些显然已经很难使其在无数竞争者中脱颖而出。如何打造有趣、有料的直播内容，打造直播间特有的风格，打造直播间的核心竞争力，才是需要思考的问题。

第四步，直播电商企业拥有了清晰的市场定位和商业逻辑之后，还需要对其形象及特色进行持续塑造，影响消费者的心理认知，持续强化消费者的认可、支持和偏爱。

3.2 直播电商的前期准备

直播电商的前期准备，涉及人物要素、场景要素和其他准备工作。

3.2.1 人物要素

人物是直播内容的第一要素。直播电商的内容输出，包含了直播过程中的视频、图片、文字等的输出，需要呈现观念、品牌、产品、价值等众多内容，依托直播人员完成展示与呈现。一般来说，主播需要从消费者痛点、商品卖点、优惠或质保力度等方面入手，以演示、互动与激励等手段完成内容输出。尽管内容输出以主播为主体，但辅播和其他运营人员的共同参与、氛围营造，也可以提高内容输出的质量，因此直播团队需要高度配合和高度控制直播过程。

1．主播

在直播电商产业链中，主播是直播的核心载体，品牌商、MCN 机构、内容分发渠道以及数据服务支持方，均围绕主播开展一系列的服务。根据某调查数据，在观看直播过程中，消费者冲动消费的比例较高，近半数受访者表示因为被主播的推荐话术所吸引，所以忍不住下单。可见，主播是直播中最为关键、最为重要的人员，也是出镜率最高、最受观众关注的焦点人物。主播的表现在一定程度上决定直播的成败。

从职业发展历程来看，主播经历了网络红人、达人、IP 化 3 个阶段。早期的主播普遍塑造有个性、敢表达、会呈现的形象，以获取消费者关注；经过一段时间的发展，一批网络红人通过在人际传播网络中为他人提供信息、施加影响力以提高被关注程度，即致力于成为达人；达人将自身形象与商品相互融合就是主播构建人设、逐渐 IP 化的过程。换言之，打造 IP 的过程就是持续产出个性化的原创内容并且在多个平台进行内容分发从而形成对特定粉丝群的直接影响力的过程。此时，直播的变现能力大大提高。主播的人设 IP 化，不仅方便在直播中植入内容，还可以持续开发内容，从而保证主播的带货能力稳定甚至进一步提高。在 IP 时代，用户对主播的认识不再局限于搞笑、娱乐等，而更多地关注其分享生活、传授知识、共享经验等。

小贴士

　　2021 年新东方推出抖音直播账号，成立东方甄选直播间。东方甄选用半年时间积累了大量粉丝，获得了较高的销售额，基本成功地实现了跨界转型，这与其采用的差异化组合营销策略密不可分。

对于主播来说，直播电商对其有一定的要求，包括出镜形象、沟通表达能力、决策与应变能力、形象标签及货物象征等方面。

在出镜形象方面，虽然不需要每一个主播都美丽大方，但有亲和力、有感染力、开朗大方的出镜形象是非常重要的。从沟通表达能力来看，主播必须善于沟通，可以与观众进行良好的互动。在决策与应变能力上，主播在面对关键且紧急的直播状况时，要能够迅速作出决定。形象标签可以帮助主播吸引独特粉丝群，它类似于品牌。货物象征是指主播要能获得足够多的好货，如董明珠可以确保供应最多、最可靠、最优惠价格的格力空调，这是她在直播行业崭露头角的决定性原因。

另外，主播也需要掌握直播的常用技巧，一般在提高互动参与率、促销与宣传、熟悉商品、抗压能力、话术表达、临场应变、持续学习、强化人设等方面要相对优秀。

2. 辅播

直播不同于教师站在讲台上传道、授业、解惑，也不同于新闻发言人端坐台前一丝不苟地、专业地回答问题。直播本质上是一种商业场景的塑造或者创新，直播中主播需要完成商品的讲解、演示和与观众的互动。直播相关人员还需要实时关注直播平台的关键数据、处理紧急情况。在这些情况下，辅播的存在非常必要，对主播起到重大支持作用。

与主播同台出镜的辅播，相当于主播的助理，一般同样擅长活跃与调节气氛，甚至在后台操控、粉丝反馈、数据观测、商品介绍等方面更专业。尤为关键的是，辅播一般还需要提醒主播调整一些行为或表达方式，控制直播节奏与进度。

3.2.2 场景要素

直播间的场景就是主播所处的线下直播场景，直接决定了消费者观看直播的视觉感受和消费体验，极大地影响整场直播效率。直播电商的场景要素主要包括设备和直播间布局。

在极端情况下，一部手机也可以完成直播。但更专业的设备与场景布设，可以更有效地提高效率、促进转化、控制过程。直播不受地理位置的限制，其潜在的观看用户数量可能非常大，所以主播最好配有高配置的计算机，如选择最新的处理器、采用独立网线等，避免在直播过程中出现卡顿现象。如果采用手机直播，则准备至少两部手机，一部用来直播，另一部用来查看粉丝留言，方便与粉丝及时互动，同时还要特别注意保持电量充足。另外，还应该选择更专业的摄像头，保证直播画面清晰，最好能具备美颜、添加特效滤镜、多镜头切换等功能。

直播间布局包括灯光布置和背景布置等，一般来说，应该遵循明确和简洁两个原则进行。"明确"就是直播间要通过文字或图片等向用户展示"这个直播间是做什么的"，或者告诉新用户"如何参与互动"；"简洁"即直播间布置应简单明了。直播间需要根据品牌定位和商品特点来设计，选择灯光的明暗程度、色温色调、背景墙的颜色与风格等。此外，还应该注意直播间的隔音效果、话筒收音效果等。表3-1所示是带货直播物料。

表 3-1 带货直播物料

序号	物料名称	数量	规格与用途
1	智能手机	4 部	拍摄手机：前置摄像头像素为 720P 或以上； 直播操作手机：用于实时上下货操作； 另需一部对外联系的手机，音乐播放手机视情况确定
2	电话卡	2 张	分别用于直播账号登录、商铺账号登录
3	手机支架	2 个	分别用于稳定拍摄手机和直播操作手机，高度要合适
4	路由器	1 个	配套网络带宽不低于 100Mbit/s
5	补光灯	9 个	柔和轨道聚光灯、吊灯、立体射灯多台互相搭配； 环形灯至少 1 个，要求具备补光美颜功能
6	装饰	1 套	室内背景墙（墙布或墙纸均可）； 室内挂件、摆件、花卉盆景、桌椅等
7	播放设备	1 套	移动话筒、支架、耳机、转接线等
8	电源插座	若干	备用电源插座若干
9	货物	若干	出镜、试用货物若干；备用货物、陈列货物若干

3.2.3 其他准备工作

优秀的主播会在直播前进行演练。尤其是在进入直播行业的初期对商品或行业不熟悉、直播团队发生改变时，演练是加强直播能力、优化直播流程、提高直播控制能力、完善直播质量的有效方式。播前演练可以提前数天进行，进行整场演练或者关键节点演练（如开播、结束、主推商品推荐等）。主播若对当场直播内容非常有把握，也可以在开场前进行演练，此时的演练不是为了寻找提高与优化的可能，而是为了直播团队热身、测试工作场景。

3.3 直播电商的流程策划

在直播电商的推动下，企业流量结构重组明显、转化手段改变频繁，想要获取直播红利，需要持续优化直播流程并改进直播流程的各个阶段，进而提高直播质量。

本节的主要内容包括活动要点分析、主播人设及直播账号的选择、直播活动预热、撰写直播脚本、直播运营。

3.3.1 活动要点分析

一场直播电商活动要成功，首先要明确直播活动的目的，如是为了销售产品，还是推广品牌、积累粉丝。确定了活动目的后，才能决定活动内容，包括直播时间、产品品类、折扣力度、抽奖和红包数量等。还要合理规划可利用的渠道，包括微信粉丝群、QQ 粉丝群、微博、微信公众号、直播平台资源位、新闻媒体和其他付费渠道等。

3.3.2 主播人设及直播账号的选择

主播作为消费者眼中最直观的"直播代表"，对直播间的掌控和与粉丝的互动效果起着决定性的作用。针对直播的内容定位，主播的人设大体可以分为以下三类。

1. 行业专家

直播内容以垂直行业的专业知识展示为主。有些主播是企业创始人或总经理等高管，其本身就可以帮助企业制造热点话题、增加流量，而高管对整个行业的见解和对自身企业的认知可以使直播内容更有深度、更为专业，更能吸引其面对的消费群体，从而带动产品销售。

2. "种草"达人

直播内容以产品评测的试用及推荐为主。"种草"达人凭借某个领域的专业知识成为达人，如美妆或数码博主，通过介绍产品性能或参数，再加上直观的现场展示与体验，能迅速把产品推荐给观众。

小贴士

当直播进入全新的竞争时代，小红书以其特有的内容生态促进"种草"直播，又以"种草"直播反哺内容社区，彰显了"回归美好，追求品质"的平台形象。

小红书开播可以获得额外的笔记流量和直播流量奖励。或许，"种草"直播将成为一个可复制的模式。直播成为品牌内容营销和"种草"的新形态，而非天天低价。

3．跨界玩家

直播内容以分享生活态度为主。主播一般从生活场景出发自然地过渡到产品的介绍，如城市探店打卡到店铺推荐、生活技巧分享到居家用品销售等。

在竞争逐渐加剧的环境下，平台开始进行深入定位，即选什么样的主播、播什么类型的内容、构建何种商业模式与价值空间。此时，平台的选择非常关键。例如，一个受女性关注较多的平台，更适合美妆、母婴、服装、食品等产品的直播，而销售体育器材、户外设备等产品的效果可能不佳。

直播期间使用商家账号还是主播账号应该根据直播平台主播的粉丝数量来判定。如果主播自有粉丝量较大，就可以直接用主播账号；反之，建议商家自己注册账号直播，在直播过程中可以引导用户关注，沉淀自有粉丝，以便于后续宣传推广。

3.3.3 直播活动预热

预热推广是活动开始前的必要环节，可以有效增强消费者记忆。商家可以开放"预约"的方式，即让消费者通过预热活动入口进行预约，在直播开始时通知消费者前来观看。

预热的推广渠道和正式活动的推广渠道基本一致，不过，商家针对活动预热的推广素材应重点突出活动福利，包括高价值礼品、超低价产品等，同时要注意促进转发分享，扩大预热推广的覆盖范围，吸引更多的新用户关注。另外，如果主播知名度高，也可着重强调与其相关的权益，如主播与粉丝连麦对话等，毕竟知名主播的自带流量有时比产品的价格更有吸引力。

课间案例

总裁"组团"空降直播间带货

2022年4月16日16点，达达集团副总裁、京东集团副总裁何辉剑和伊利集团副总裁郭云龙空降京东到家直播间，为消费者提供专属福利奖品，以及"直播购物1小时达"的升级购物服务。这场直播在京东到家和京东双渠道同时进行，用户在直播间下单有机会赢得华为Mate Pad11平板电脑、米家扫拖一体机等奖品。这场直播既是京东到家携手伊利金领冠打造的超级品牌日一大亮点，也成为2022年"4·15"大促日重磅促销举措之一。京东到家行业首创的"直播购物1小时达"的模式，实现了"边看直播边下单，1 小时内收到货"，极大地优化了用户直播购物体验，拉近品牌商品与消费者距离，进一步激发消费热情。

此次直播是伊利旗下婴幼儿奶粉品牌"金领冠"首次与京东到家携手打造的"超级品牌日"活动，基于京东到家打通线上线下渠道，助力品牌突破传统渠道，与母婴品类专营店代表"孩子王"合作，品牌、商家、平台三方共振，线上线下全渠道联动营销。

3.3.4　撰写直播脚本

直播脚本就是直播的剧本，它以文字为基础，形成直播的工作框架，规范并引导直播有序地推进。在直播过程中，主播在没有脚本的情况下介绍产品容易因信息琐碎造成重点与卖点不突出，或因时间控制不当造成介绍产品超时或剩余时间过多等一系列问题。

直播脚本应简练完善，但并不要求其在内容丰富程度、细节完整程度等方面与电影剧本媲美。若是有经验的主播开展熟悉的产品直播，直播脚本应适当给主播留有发挥空间。

直播脚本一般分为整场直播脚本和单品直播脚本。一般来说，整场直播脚本强调流程、时间、工作配合、技术指导等；单品直播脚本则强调产品卖点，突出特点与利益，强调客户需求和痛点，并在直播中以体验的方式证明产品真实、有效、优惠等。

1. 直播脚本的主要内容

直播脚本最简单的写法是按流程来撰写，这样也便于控制直播节奏，表 3-2 列举了直播脚本的主要内容。

表 3-2　　　　　　　　　　　　　　　直播脚本的主要内容

序号	内容	说明
1	直播目标	设定当日直播的考核标准，明确直播目的，方便过程管理及复盘，并形成闭环管理。例如，带货件数、带货金额、涨粉目标、流量目标等。 设定目标时要充分考虑前期数据基础，结合当场直播的推广与外部支援情况，应是主播和团队共同努力可达到的目标
2	直播人员	直播团队通常包含主播、辅播、场控、客服、技术等人员。直播脚本应明确不同人员的职位、工作分配、协调方式、沟通渠道等，此外，还应关注对直播人设的强化内容
3	直播时间	确定直播的时间安排、各内容的时间分配； 一般情况下，主播应形成自己的直播节奏，即每场直播时间大致上是固定的，不可任性调整
4	直播主题	确定直播主题，为主播的推荐、观众的下单找一个理由，如厂家赞助、利润反馈、官方大促、购物节等

续表

序号	内容	说明
5	直播间的互动活动	加强互动、沟通，避免单向传达信息，可以设置粉丝福利、现金红包、大额优惠券、抽免单、其他各种各样的小礼品等； 在活动时间方面也要有特殊设计，保证活动时间与观众可能出现的变化相吻合（如离场、下单等），一般在开播、特殊时间节点、结束直播等时间点安排互动活动
6	准备工作	准备工作是直播脚本中最全面、最细致、最具体的工作，一般包括场景布置、氛围营造、产品陈列、卖点提炼、销售话术、互动表达、关键问题回答、个性化和标签化词语重复等
7	特殊问题应急处理	对直播中可能面临的各类问题需要提前准备应对措施，如流量的急剧变化、网络问题、平台链接问题、观众提出的特殊问题等。简单来说，特殊问题应急处理，是保证直播不"翻车"、少"翻车"，即使"翻车"也可以转危为安的预备性工作

2．直播脚本的表现形式

在明确直播脚本的主要内容后，企业应结合主播特点、环境与设备、所推荐的产品拟定直播脚本。直播脚本一般以企业内部规范化的表格形式呈现，需要明确时间、目标、人员、主题、卖点、前期准备，以及各时间段的具体操作规范与直播要点。表 3-3 所示为表格样式的直播脚本。

表 3-3　　　　　　　　　　　直播脚本

××年×月×日				儿童节直播脚本					
直播目标：销售金额达 110 万元、观众超 3 万人、新增粉丝 400 人									
直播人员：主播、辅播、场控、客服、技术人员的具体安排（简化）									
直播时间：16:30 开始，共 3 小时，19:30 结束；分预热、奶粉段、玩具段、服装段、学习用品段、奶瓶段等不同分场									
直播主题：快乐儿童节，全场小件 9.9 元，大件 99 元，包邮									
前期准备：价格优势、利益优势、氛围营造、推广预热等									
时段	总流程	分项主题	人员安排	后台、客服、技术	卖点	话术	优惠力度	备注
16:30—16:36	预热	粉丝互动，剧透	主播等	推送信息、多平台互动	优秀品质、实惠价格	"老铁"们，现在就是弥补你儿时遗憾的时候	低价、包邮、赠品	其他
……	……	……	……	……	……	……	……	……

3.3.5　直播运营

1．陪伴、互动和推荐

在直播时代，大量的观众并不仅是为了购物而观看直播，对他们来说，观看直播更多是为了娱乐和消遣，还可以满足接收信息、调整心态、表达诉求、交流互动的需求。直播能让观众对主播产生共鸣，主播也在变相地陪伴观众。

（1）用陪伴培养习惯。

直播消耗的是用户可自由支配的时间。所谓流量竞争，其实就是争取用户多停留在自己的直播间里。在大多数情况下，用户停留时间和成交率成正比。对于主播来说，直播应该是长期的陪伴式服务，通过持续地、反复地响应粉丝需求来深化与粉丝的感情。优秀的主播通常会在固定时间开播，并不断努力培养用户定时观看直播的习惯。

课间案例

一次用心的直播文案掀起了购书热潮

某主播董某带过很多货，说过很多经典文案，但你要问他最用心的一次，那应该是推荐《额尔古纳河右岸》这本书的文案。《额尔古纳河右岸》是作家迟子建所著的一部长篇小说，获第七届茅盾文学奖。小说以一位年届九旬的鄂温克族最后一位女酋长的自述口吻，讲述了一个民族顽强的抗争和优美的爱情。小说语言精妙，以简约的语句写活了一群鲜为人知、有血有肉的鄂温克族人。

董某对着直播间几十万名观众，回忆他初次阅读这本书时的情景："我坐在中关村的出租屋里燥热，楼下吵闹，北四环的车流从来没有因为我的忧伤或者兴奋而停止过，楼下还时常在夜里打电话争吵。但那一刻我坐在中关村租住的小房间里头，我的灵魂已飘向远方。是的，遥远的北方，大兴安岭的原始森林里沾着露水的月光下，人们起舞、饮酒、畅谈，驯鹿脖子上的铃铛偶尔作响，人们穿着精致的衣服，充满力量地起舞，那里的孩子自由而健康。右下角想要的自己去拍。"

接着，他向我们描述生活在额尔古纳河沿岸的人们的生活："看完这本书，你会发现，在大兴安岭深处的不同民族，有着不同的生活习性，他们养着驯鹿，驯鹿逐苔藓而栖，在日出时打猎，日落时回家，月光下架起篝火，喝酒唱歌吃肉，畅谈人生，他们就如大自然本身一样，清新舒适，让人放松，你甚至会和我一样惊讶里面描述到的美丽景色，像凡·高的《星空》一样旋转着的夜空，穿着闪着亮片的神奇的衣服的人们，在月光下充满力量地跳舞。"

这些优美的文案唤起了人们对这本书的好奇，有网友直言："我下周就去读这本书。"据报道，9个月来，此书在该直播间已销96万册。一般来说，一年内累计销量达到5万册就可称畅销书了，达到20万册就更难得了。

（2）用互动强化印象。

直播间在某个时间点将用户聚集，以活跃的氛围形成羊群效应，利于订单的成交。互动的目的是让粉丝感到被尊重，拉近主播和粉丝之间的距离。企业要提前规划直播间的互动话题。

对用户来说，直播互动可带来现场参与感；对内容生产者来说，互动可更好地进行内容调整；对直播平台来说，互动可大大优化用户体验和提高用户黏度。

（3）用推荐实现变现。

随着直播电商内容的丰富，用户会从内容消费转变为产品消费。直播电商要想利用在线直播推销产品，需要主播借助个人魅力与观众建立起类似"好友"的信赖关系，以增强"种草"带货能力。同时，主播也要善于利用赠品等福利刺激用户完成购买行为。

2．提供原创且优质的内容

从价值角度来看，直播间提供原创且优质的内容，通过创新和专业化制作，为观众带来独特、有价值且引人入胜的直播体验，从而吸引并留住用户，实现有效的观众互动和品牌传播。内容价值模型如图 3-2 所示。

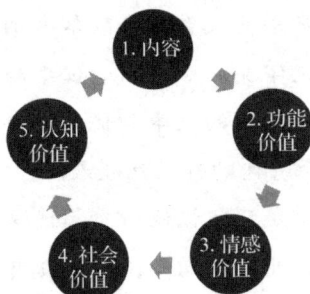

图 3-2　内容价值模型

根据内容价值模型，直播间除了输出高质量的内容，还需要让各部分内容关联、内容与新闻热点关联，甚至利用新闻热点制作内容，也就是"蹭热度"。内容制作的一般规律如图 3-3 所示。

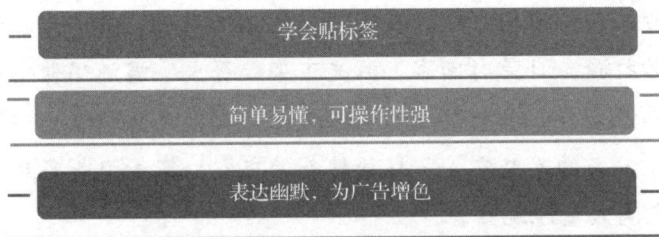

图 3-3　内容制作的一般规律

直播需要与用户交流互动，必要的刺激必不可少，如从其他内容输出渠道（如视频网站、微信、电影电视、体育赛事直播等）中合法引用一些有趣、生动的内容。当然，这种"搬运"虽然有利于快速吸粉，但是不利于主播人设 IP 的建设。

从更广泛的内容输出来讲，直播输出的不仅是主播的演讲和体验，还包括评论区评论等。这些在一定程度上会和主播输出的直播内容之间形成交互关系。

3．AI 生成直播文案

使用 AI 生成直播内容已经成为一种趋势，这种方式可以大大提高直播内容的生成效率和个性化程度。具体来说，AI 可以利用自然语言处理技术、机器学习算法和深度学习模型等技术手段，自动或半自动地生成直播内容。

（1）直播文案样本收集与分析。

首先，收集直播文案样本，这些样本可以是之前的直播脚本、广告文案、社交媒体帖子等。分析这些文案样本的风格、结构、关键词和观众互动模式。

（2）训练模型。

使用机器学习算法（如循环神经网络、长短期记忆网络或 Transformer 等）训练一个模型，使其能够理解和生成类似样本的文案。模型的训练会基于大量的文本数据，以学习生成符合语法规则、具有连贯性且吸引人的文本。

（3）输入参数。

确定直播的主题、目标受众、产品特点或促销活动等关键信息。这些信息将作为 AI 生成文案的输入参数。

（4）生成文案。

将参数输入训练好的模型，模型会基于这些信息和从数据中学习到的模式生成直播文案。AI 可以生成多个版本的文案，以供选择或进一步编辑。

（5）人工审查与调整。

虽然 AI 可以生成初步的文案，但人工审查仍然是必要的步骤。工作人员需要检查文案的逻辑性、吸引力、语法以及是否符合品牌基调，再根据需要调整文案，确保其适合直播环境，并能引起观众的兴趣。

（6）实时反馈与优化。

在直播过程中，可以根据观众的实时反馈来调整和优化文案。例如，如果某个环节的观众互动率特别高，可以在后续的直播中重复使用或优化该环节的文案。

（7）持续学习与改进。

直播结束后，分析哪些文案有效，哪些需要改进。将这些数据反馈给 AI 模型，以使其提升生成文案的能力。

请注意，尽管 AI 可以辅助编写直播文案，但人类的创意和直觉仍然是不可替代的。AI 应当被视为提升工作效率和创造力的辅助手段，而不是完全替代人类的工作。

归纳与提升

筹划与准备工作对于直播电商来说是不可或缺且极其重要的。在直播电商的筹划过程中，企业需要重点关注人物与场景两个关键要素，依托主播提高直播质量，依托辅播控制直播节奏，通过直播间场景布置优化用户体验，从而实现商业目的。

在直播的过程中，企业需要着重确定三个方面的工作内容，即"播给谁看""播什么内容""如何播"。从定位的角度来说，选好目标受众、对直播内容进行合理规划并赋予其差异化的标签是直播成功的基础；从内容来说，陪伴、互动与推荐是电商直播成功的关键；从直播过程来说，运用合理的直播脚本规划控制直播节奏是电商直播成功的必要手段。

主播的人设 IP 对直播的影响很大。提前规划并建立主播的人设 IP 不仅更有利于获取流量，也有利于建立长效变现机制。

名词解释

"种草"达人；直播脚本

复习思考题

一、单项选择题

1. 直播电商定位的核心是确定（   ）。

   A．直播时间　　　　　　　　　B．直播平台

   C．目标市场和受众群体　　　　D．直播商品种类

2. 在直播电商的前期准备中，负责直播现场流程控制的是（   ）。

   A．主播　　　B．辅播/场控　　　C．客服　　　　D．技术支持

3. 场景要素中，（   ）方面对提升观众观看体验至关重要。

   A．背景音乐　　　B．灯光效果　　　C．场景布置与装饰　D．网络稳定性

二、多项选择题

1. 直播电商的前期准备包括（   ）。

   A．人物要素（主播、辅播等）　　B．场景要素（灯光、背景等）

   C．技术设备（摄像头、麦克风等）　D．其他准备工作（选品、物流等）

2. 人物要素中，直播电商团队可能包括（   ）。

   A．主播　　　　　　　　　　　B．辅播/场控

   C．客服人员　　　　　　　　　D．技术支持和数据分析师

3. 直播电商的流程策划中，活动要点分析应涵盖（   ）。

   A．直播目标设定和预期效果　　B．商品特点和卖点分析

   C．互动环节设计和执行方案　　D．应急预案制定和演练

4. 撰写直播脚本时，应包含（   ）。

   A．开场白和直播主题介绍　　　B．商品详细介绍和展示

   C．互动环节安排和提示　　　　D．结尾语和下次直播预告

三、判断题

1. 直播电商的定位只是确定销售什么产品。（　　　）

2. 直播脚本撰写时，可以随意发挥，不需要提前规划。（　　　）

3. 直播活动预热只是在直播前进行短暂的宣传。（　　　）

4. 直播活动结束后，就不需要进行任何后续工作了。（　　　）

5. 主播人设的选择对直播电商的成功与否没有太大影响。（　　　）

四、简答题

1. 直播电商人物要素有哪些？

2. 直播电商场景要素有哪些？

3. 直播电商的流程策划包括哪几个部分？

4. 直播脚本主要包括哪些内容？

5. 如何在直播过程中实现陪伴、互动与推荐？

五、案例分析题

假设你所在的地区以盛产苹果、蜂蜜和有机蔬菜而闻名。近期，由于多种因素影响，当地农产品销售受到了一定冲击，为了支持当地农户并推广本地农产品，你决定策划一场直播销售活动。

结合本地农产品，设计直播内容，做好产品组合，制定促销价格，策划直播的内容、直播地点、直播形式，撰写单品直播脚本一份、整场直播（一小时）脚本一份。

场景实训

一、使用 AIGC 工具制定直播电商筹划与准备方案

1. 明确使用目的

使用 DeepSeek 为企业悦选汇制定一套可参考的直播电商筹划与准备方案。悦选汇是一个专注于多品类商品销售的直播电商平台，其希望通过优化筹划与准备工作，提升直播效果，实现销售目标的快速增长，并强化品牌形象。

2. 明确筹划与准备目的

此次直播电商筹划与准备的目的是确保直播活动的顺利进行，提高销售转化率，同时强化品牌形象。通过科学合理的筹划与准备工作，为直播电商活动奠定坚实的基础。

3. 确定要求

根据使用目的和筹划与准备目的，结合直播电商行业的特性和悦选汇的实际需求，提出以下具体要求。

企业背景：悦选汇，一个专注于多品类商品销售的直播电商平台，拥有广泛的商品线

和稳定的用户基础。

筹划与准备目标：通过优化筹划与准备工作，提升直播效果，实现销售目标的快速增长，并强化品牌形象。

具体要求：请使用 DeepSeek 工具为悦选汇量身定制一套直播电商筹划与准备方案，该方案需涵盖岗位设置与职责明确、前期准备充分、直播流程策划完善、人设 IP 构建以及协作关系顺畅等关键环节。

4. 发送要求并获取方案

打开 DeepSeek 页面，在文本框中输入上述要求，并按"Enter"键发送，如图 3-4 所示。

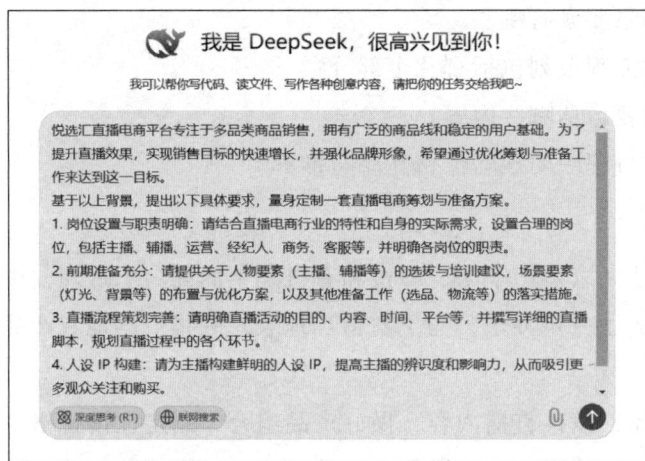

图 3-4　使用 AIGC 工具制定直播电商筹划与准备方案

二、策划一场直播活动

【实训目标】

1．掌握直播电商的前期准备工作内容；

2．理解主播人设 IP 的意义与构建逻辑；

3．掌握电商直播脚本的主要内容。

【实训内容】

结合本章内容，选择你熟悉的 2 个或 3 个不同类型的直播主播，分别完成其人设 IP 的构建，并为其策划一场直播活动。

【实训要求】

1．电商直播活动策划流程需完整，包括直播脚本中的各项内容；

2．选择 3 ～ 5 款适合该主播推荐的产品，并为其匹配相应的促销内容和推广渠道。

第4章
直播电商的策略与运作

学习目标

➤ 理解直播电商运营的实质

➤ 理解直播电商的运营目标

➤ 理解并掌握直播电商的运营策略

➤ 了解协调数据资产和团队资产的相关知识

引例

女演员直播带货背后的运营新思路

不少人用安静、治愈等关键词来形容女演员董某的直播风格，因为她的直播间没有"3，2，1，上链接"的吆喝，没有"9.9元包邮"的叫卖。她常常坐在客厅一角，一边喝茶一边介绍，她的直播更像一场大型的"日常爱用好物分享"。但这种风格只是表象，要读懂她在小红书直播爆火的逻辑，就要从选品、讲解、预热等方面进行分析。

从选品来看，女演员董某直播间没有完全采取传统策略，如一定要有引流品、福利品这类低价产品，用于快速热场，增加观看时长，然后再承接利润品、长尾品。其选品主要有四部分，一是她关注、熟悉或使用过的品牌产品，二是小红书站内用户偏好或平台热卖的品牌产品，三是她粉丝喜欢的品牌产品，四是小红书推荐的品牌产品。这些品牌产品横跨美食、时装、家居、日用品多个品类。她的选品契合小红书直播整体选品策略的特点。

董某在直播间会花很多时间讲解产品及搭配服饰。她有日常喝茶的习惯，所以会分享哪款茶可以清心安神，哪款茶适合女生调理身体。卖服饰时，她会讲小个子的搭配原则、适用场合，会考虑配饰的清洗、存放及使用率等，夏天到了，还会介绍穿着凉快的衣服，并帮助用户搭配，帮助用户减少决策成本。这些产品能够在董某的直播间"卖爆"，与她本人的人设以及前期铺垫不无关系。正如其直播带货的主题——"董生活"，董某会在小红书上分享自己给家人做饭、户外骑行、朋友互动等日常生活。每次开播前，董某团队还会分享多篇笔记以为直播活动预热。正是基于这些，才有了直播间的高转化率。

思考题

1. 董某在小红书直播成功的原因有哪些？

2. 直播电商可以采取哪些运营策略让直播效果更好？

台上一分钟，台下十年功。董某的成功得益于精心的准备和运营策略。直播电商企业要成功，不仅要运用选品、价格、转化等运营策略，还要清楚数据资产和团队协作的重要性。

4.1 直播电商运营的实质

移动互联网时代的电商运营已经从单纯的卖货、促销升级为拼粉丝。因此，高质量的粉丝是移动互联网时代电商企业赖以生存的基础，也是电商企业发展的生命线。

直播电商企业要从内部对直播达成共识，应充分了解粉丝需求，为直播电商赋能，凭借高效的供应链让主播实现"帮助'粉丝'买产品"。企业通过有效运营，将直播间的用户转化为主播粉丝，进而提高直播间产品的销量。本节主要从直播电商赋能和直播电商的运营目标出发，帮助读者理解直播电商运营的实质。

4.1.1 直播电商赋能

直播电商企业要对直播赋能，必须基于自身供应链的优势，一方面要提供更高性价比的产品，实现价格赋能，另一方面要通过大数据能力提高产量，以实现直播电商消费者转化和高销量的运营目标。

1. 价格赋能

对于直播电商企业来说，产品定价要围绕直播的需求，低价不是唯一选择，高性价比才是直播电商的优先选择。价格赋能就是通过高性价比产品满足消费者对低价等方面的需求。

（1）满足消费者对低价的需求。

很多时候消费者想购买某件产品，但是碍于价格太高不得不放弃或者选择其他的低价替代品。基于此，物美价廉的产品能够满足消费者对低价的需求。围绕这一点，直播电商企业就需要解决产品问题：一是能否获得高质量的产品，二是能否获得明显低于市场价格的产品。

（2）满足消费者对便利性的需求。

很多消费者有购买某种产品的需求，但是由于购物过程相对烦琐，可能还需要付出额外的时间和精力等，所以会放弃购买。电商直播可满足消费者对便利性的需求，如足不出户购物、方便比价等。

（3）满足消费者对新颖性的需求。

很多消费者对一成不变的东西会感到厌倦，渴望更新。直播电商企业需要思考的是，在当前的直播电商环境中，有哪些解决方案是一成不变的，而且消费者已经厌倦了的。例如，现在很多直播间一成不变地称呼粉丝为"宝宝""家人"；一成不变地在直播间桌上摆满产品；一成不变地讲"今天直播间优惠价"；等等。直播电商企业要推陈出新，努力创新直播形式。

（4）满足消费者对高端产品的需求。

一些消费者就算很喜欢某类产品，但若这类产品比其他产品低端，他们也会放弃购买。因此，针对此类追求高端产品的消费者，电商企业需要销售更高端的产品。同时，直播电商企业需要将直播间环境或者氛围设计得比较高端，从而满足这类消费者的需求。

（5）满足消费者对低风险的需求。

消费者都想获得购物保障。在目前的直播电商市场中，消费者会遇到一些风险，如售后处理麻烦、收到的产品与直播间看到的不一致、不发货等。直播电商企业应该给消费者切实可信的承诺，从而降低消费者购物的风险。例如，承诺7天无理由退换货、提供运费险。企业只有以消费者为中心，想尽办法降低消费者购物风险，才能获得消费者的青睐。

（6）满足消费者对良好购物体验的需求。

有些消费者在电商平台或在直播间购物有着不太好的体验，例如，下单前要先领取优惠券，这个过程烦琐费时。企业如果能够找到那些令消费者不满的过程体验问题，再帮他们解决这些问题，就能够获得很好的直播效果。

2．产量赋能

直播电商的出现和发展显著缩短了热卖产品在市场上的流转时间，这要求直播间对供应链的响应速度相应提高。主播的多重职能减少了供应链环节，同时直播的实时互动提高了供应链效率，这些要求直播电商企业通过供应链优化实现产量赋能。

（1）主播的多重职能减少了供应链环节。

主播既是促销员，也是店长；主播既是代表厂商面向消费者的零售商，也是代表消费者面向厂商的批发商。主播集多重职能于一身，让消费者购物更便捷。

（2）直播的实时互动提高了供应链效率。

企业通过传统商场、电商店铺等渠道销售产品后，要经过几周才能接收消费者反馈，而且这种反馈经多个环节传达，容易失真，因此企业常常无法及时有效获取消费者反馈，无法指导生产。而直播间能够实时获得消费者反馈，这样，企业在大规模生产前可进行小批量测试，及时调整生产，提高供应链效率。

4.1.2 直播电商的运营目标

直播电商的基础目标是将直播间的用户转化为主播粉丝，而直播电商运营的最终目标是提高产品销量，从而获利，这也是直播电商运营的关键目标。

1．将直播间的用户转化为主播粉丝

用户成为粉丝，代表用户开始信任主播，如此才有转化销售的可能。如何增强粉丝的黏性、提高转化率是当前很多企业面临的难题。主播通过话术、行为、关系、事件、利益等可更快实现用户转化。

（1）话术：新人关注，必将言谢。

人在任何场合都希望被尊重、被重视，当新人进入直播间时，主播一定要说出用户的名称，并且说一声感谢。这样能增加用户对主播的好感，延长用户在直播间的停留时间，提高转化率。

（2）行为：引导用户加群。

在直播过程中，主播一定要引导用户加群，通过群交流，向用户传递更多信息；同时，通过群内运营能提高用户留存率，提高群内活跃度。

（3）关系：主播和用户产生一定的关系。

主播或店铺应与用户产生一定的关系，让用户产生归属感。例如，一些头部商家、大主播，形成了后援团形式的"铁粉"群体。

（4）事件：利用官方活动和当下热门事件。

企业可利用官方活动造势，如"双 11 大促"。主播在直播中进行预告，在自己参加活动的同时，进行直播活动打造。在直播中也可以探讨热门事件，但是要注意不能触犯法律。

（5）利益：用利益回馈用户。

在直播过程中，企业除了销售产品，也需要让用户获利，以示主播或企业对用户的感谢。

2．提高产品销量

从运营和营销的角度来说，直播是传达信息和获取信任的不错选择。但要想快速成交，只传达信息和获取信任还不够，还得有说服力。因此，主播不仅要洞察消费者需求，还要学会运用直播带货中产品的稀缺性实现成交。

（1）洞察消费者需求，满足消费者需求。

直播中的两个要素是人物、场景。企业要洞察消费者需求，推荐给消费者最需要的产品或服务，如旅游企业在景区直播；医疗企业以医生为主播；健身企业邀请"瘦身达人"做直播；加盟性质的企业把直播场景设在各地"火爆门店"等。

（2）运用直播带货中产品的稀缺性实现高成交率。

在直播的过程中，如果能巧妙利用稀缺性这一属性，将涨价、取消额外的赠品、产品下架等内容告知粉丝，就能有效提高人们的购买欲望。

4.2　直播电商的运营策略

直播电商的运营策略很多，本节主要介绍选品策略、产品组合策略、转化策略、提高签收率策略、暖场策略。

扫一扫看微课

微课 4-2

4.2.1 选品策略

选品策略即运用相关方法挑选适合直播的产品的策略。选品策略的核心是要根据直播间的用户画像选择产品。用户画像是指将用户的每个具体信息抽象成标签，再利用这些标签将用户形象具体化的方法。表 4-1 所示为主要内容平台用户画像。

表 4-1　　　　　　　　　　　　　主要内容平台用户画像

平台名称	定位	日活量（2024 年 1月×日）	月活量（2024 年 1月）	用户关系	用户基本特征	适合带货品类
抖音（TikTok）	原创短视频分享平台	7 亿	15.82 亿	弱关系，平台推送及内容运营	潮流、时尚 30 岁以下的用户占比 53.2% 男女比例为 52∶48 三线及以下城市用户占比 55.9%	时尚消费品 大众消费品 新品
快手	记录和分享普通人生活的平台	3.83 亿	7 亿	强关系，注重私域流量和粉丝运营	大众化、接地气 30 岁以下的用户占比 52.7% 男女比例为 52∶48 三线及以下城市用户占比 59%	大众消费品 高性价比产品
小红书	分享生活方式的社区平台	1 亿	3 亿	强关系，达人属性较强	垂直 30 岁以下的用户占比 51.5% 男女比例为 13∶87 一线城市用户占比 57.7%	时尚消费品 高端消费品 美妆日用品
B 站	面向年轻群体的娱乐社区	9280 万	3.36 亿	强关系，拥有超强黏性的用户	年轻、爱想象、爱动漫的 30 岁以下的用户占比 95.5% 男女比例为 48∶52	个性化产品 "二次元"周边产品

数据来源：艾媒咨询。

纵观以上各直播平台，其用户画像有着明显的差别。因此直播电商企业在选择直播平台的同时，也要精准匹配直播间的用户画像。

例如，抖音和快手直播平台，二者用户基数都超过 3 亿。但是从用户画像来看，抖音用户是偏潮流、时尚的群体，因此适合的电商产品品类应该是时尚消费品、大众消费品以及新品；而快手用户是相对大众化、接地气的群体，因此适合高性价比产品以及大众消费品。

通过匹配直播间的用户画像，企业可以从价格和功能两个方面来满足用户需求。

1. 以价格匹配用户画像

因为受制于运营的模式和用户群体的特征，只有高消费频次、低价格的产品才是直播畅销品，如化妆品、饰品、零食等。

在电商行业中，同质化问题严重，因此高性价比是提高直播带货模式成功率的关键因素之一。知名度不高的主播需要通过高性价比的产品和真正有吸引力的价格来打动自己的粉丝。而对于知名主播来说，价格同样是一个需要重视的因素。因此直播电商在选品时应优先选择高性价比的产品。

2．以功能匹配用户画像

直播电商企业选品时，一定要做到功能匹配，一方面直播的产品要精准匹配主播的标签，另一方面直播的产品要精准匹配直播间的用户画像。

不管是企业直播还是个人直播，都要选择和主播标签相同的产品。所以直播间在选择产品的时候一定要考虑自身的定位和用户画像，选择不适合的产品只会浪费时间，甚至影响自己的粉丝黏性。

课间案例

"认养一头牛"抖音电商成长记

2021年，"认养一头牛"充分发挥抖音电商平台价值，全面打造品牌直播账号矩阵。在持续探索中不断深化品牌自播经营模块，精准匹配达人矩阵，借助IP活动有效推动流量转化，成功拉升客单价和GMV（商品交易总额）。

"认养一头牛"的主账号日播15小时，其余账号轮播，讲解常规产品，每月有牧场工厂直播，曾做过总裁进直播间、"网红"商超探店等活动。也通过日均更新1条短视频进行预热，内容包括生活场景小剧场、乳制品美食制作教程、牧场工厂直播切片、直播预告等。

"认养一头牛"针对性提升经营指标，如优化主播话术，增强主播感染力，优化用户看播体验，丰富互动方式，增加了福袋、抽奖、直播间贴片等玩法，延长用户停留时间，更新货品，补充客单价偏低商品，降低人群的门槛，促成转化。在直播中，主播结合内容属性和达人粉丝特质销售特定款组合产品，结合用户画像，针对性深入介绍产品，将产品宣传做精做透，促成高效转化，近30天销售额突破1 000万元。

4.2.2　产品组合策略

产品组合策略是指根据产品线的分析以及市场的变化，调整现有产品结构，从而寻求和保持产品结构最优化的策略。直播电商人员要梳理清楚产品的类别，同时做好产品的组合。

1．**产品分类**

适合直播的产品众多，可以分为以下几种。

（1）引流款产品。

引流款产品就是用于增加流量，吸引更多潜在客户的产品。这类产品通常是能让一般客户接受的产品，性价比高。

将产品定位为引流款，就意味着这个产品是店铺最大的流量来源。引流款产品一般是大部分客户能接受的、非小众的产品，而且转化率高，相比于竞争对手，有价格或者其他方面的优势。要精准选择引流款产品，就要做好数据测试，尽量选择转化率高、地域限制较少的产品。

（2）特色款产品。

特色款产品是相对于引流款产品的差异化产品，可以让客户感受到产品的不同。这类产品常用来吸引目标客户群体中某一特定的小众人群。因此，这类产品突出的卖点及特点必须符合这一部分小众人群的心理。企业在推广前同样需要对少量的定向数据进行测试，或者通过预售等方式进行产品调研，以做到供应链的轻量化。

（3）主打款产品。

主打款产品就是常说的热卖产品，高流量、高曝光量、高订单量是它的特点。一般情况下，这类产品的价格不会太高，给店铺带来的利润低。建议每个店铺设 1 ～ 2 件主打款产品。企业在打造主打款产品的前期阶段应把利润尽量降低，做好不盈利的准备，这样才方便主打款产品的打造。

（4）利润款产品。

利润款产品一般用于锁定特定客户。根据"二八原则"，店铺 80% 的利润是由 20% 的产品带来的，而利润款产品即这 20% 中的一部分。企业应选择设计精致，并且可以满足小部分特定客户需求的产品为利润款产品。

将产品定位为利润款产品，就是要靠此产品为店铺带来更多的利润和销量。企业在打造利润款产品时，首先要锁定目标人群，精准地分析目标人群的爱好。利润款产品的目标人群应该是某一特定的人群，如高消费群体。企业需要分析适合该群体的产品款式、产品卖点、设计风格、价位区间等多个方面后再进行产品选择。

2．**产品组合**

直播电商企业可以通过产品组合来形成新的产品及分类，打破单一产品缺乏价格调整空间的限制。以引流款产品和主打款产品为前端产品进行引流，以利润款产品为后端产品实现盈利。引流款产品特点为低价、高性价比、高频消费，利润款产品特点为高品质、高利润，合理搭配才能在引流的同时尽可能多地实现盈利。

> **小贴士**
>
> 冬天卖棉袄，夏天卖裙子，每一个季节都有相对应的畅销产品。此外，企业应多留意网络热点、"网红"同款等，有助于企业人员进行采购决策，或者新品开发。

4.2.3 转化策略

转化策略是指通过调价、开展系列活动等方式提升直播电商转化率的策略。

如何提高转化率，使观看直播的用户成为有价值的用户，是众多企业直播时要重点关注的问题。以下为在转化中需要关注的内容。

1．以价格为策划亮点

"口令红包券"玩法，在一定程度上可解决转化率低的问题。

例如，当餐饮品牌"外婆家"在直播时，"口令红包券"是贯穿整个直播的关键活动。在直播过程中每隔 15 分钟就会上一道菜，主播在品尝菜品时，不间断地发出支付宝"口令红包"，如"你别走好口碑""你别走口碑夜宴""你别走我们常来"等有寓意的口令红包，让用户在观看直播的过程中不间断地获得价格优惠，同时在输入口令的过程中强化对品牌的记忆。

2．以互动为策划亮点

除了点赞、评论、收藏、转发等，直播间有更多的功能可实现主播和粉丝互动。许多新手主播直播时，只知道和用户聊天，或者发几个表情，很是无趣。其实，直播软件中有很多功能和工具可以用来与用户进行趣味互动，提高用户的参与感，实现涨粉。

主播可以在直播过程中增加互动场景，与粉丝进行即兴游戏、互动聊天等，这样能够增加直播的趣味性，提高粉丝的留存率和参与度。例如，可以根据直播的主题和商品特点，设计一些有趣的互动环节，如做美食直播时可以邀请粉丝一起制作美食，做化妆品直播时可以抽几位粉丝试用化妆品等。这样不仅能够增加直播的趣味性，也能够增加粉丝对主播的信任。

3．以福利为策划亮点

为了提高产品销量，主播可以组织成交福利、成交单号抽奖等活动。某主播经常通过抽奖的方式为粉丝发放福利。例如，2021 年"双 11"期间，某主播每天都在直播间组织 80 个超级福利活动，2021 年 10 月 20 日下午 4 点至晚上 12 点，持续"下"了 8 小时的"红包雨"。图 4-1 所示为某主播直播间"红包雨"活动。

图 4-1　某主播直播"红包雨"活动

4．以权益为策划亮点

除了抽奖、送福利，送权益也是直播间常用的提高转化率的手段。更长的退换货时间权益、专属客服服务权益等都是客户容易接受的购物权益。例如，沃尔玛曾有一个低价保证：我们的价格保证全市最低，否则差价双倍赔偿。它给客户留下的印象是：去超市就去沃尔玛，因为它最便宜。沃尔玛由于有着巨大的客户流量，因此可以保证给客户低价的权益。

在直播电商行业也是如此，招商证券的直播带货报告显示，在淘宝直播的 600 多个MCN 机构中，20% 的头部机构占据了机构大盘 75% 的流量和 80% 的商品成交总额，直播电商行业的马太效应已经非常明显。

头部主播能够拿到低价产品，是因为他们的流量大和曝光率高，而企业倾向于把低价产品给那些流量大和曝光率高的主播。简单来说，流量造就低价，低价吸引流量。因此，拥有大流量和议价能力强的主播可以保证直播间所售产品的低价，从而也会增加粉丝的黏性以及忠诚度。

4.2.4　提高签收率策略

提高签收率策略是指运用相关方法提高直播电商产品送到客户手中并成功签收效率的策略。直播电商可以通过提高快递发货的效率、提高包装质量和效率、注意产品及发货的细节等来提高签收率。

1．提高快递发货的效率

及时响应客户订单，与稳定高效的快递公司合作，有助于提高快递发货效率。发货后及时给客户发送短信通知，不仅能减少售后咨询压力，也能在一定程度上提高客户的满意度进而增加客户黏性。

2．提高包装质量和效率

提高包装质量和效率可避免产品脏、乱、变形。

① 保证产品品质。提高包装质量可保证产品完好。

② 包装一定要紧实，以避免在运输中出现包装破损、挤压变形等情况。

③ 对于易碎易变形产品，包装上可以粘贴"易碎勿摔"的标签。

④ 在产品里放一些小礼品，给予客户小惊喜。

⑤ 对于部分包装简陋的产品，重新打包，并且美化包装，可以给客户更好的购物体验。

3．注意产品及发货的细节

① 做好发货前的细节处理，如对服装类产品注意处理线头，对食品类产品注意包装的完整性等。

② 企业及时留意物流，了解包裹配送过程，以更快、更准确地回复客户有关物流的咨询。退换货时避免拖延，一经核实要尽快换货或退款，不能让客户等待过久。

③ 一旦出现物流纠纷，企业应该及时联系物流商，帮助客户寻找延误的原因或丢失的包裹，积极地帮客户解决问题。

4.2.5 暖场策略

主播在进行直播时经常会忽略调节气氛，容易遭遇冷场的尴尬情况，这时候采取暖场技巧来活跃直播间的气氛就非常重要。以下为具体的暖场技巧。

1．热情主动

主播的动作、表情应丰富、生动，当粉丝进入直播间时，主播可以热情一点，真诚微笑。粉丝进入直播间看到主播脸上没有笑容，一般不会留下来。所以主播在粉丝进来时对其热情一点，也许就会留下他，使关系更进一步。

2．日常聊天

没话说怎么办？没才艺怎么办？可以聊一聊最新热点，或主播喜欢、擅长的事情，或自己的故事。主播通过和粉丝聊天，可以拉近与粉丝的距离。

3．区别对待

不是所有的粉丝都喜欢被叫"亲爱的"，主播应区别对待，可以针对不同的粉丝加入自创元素、昵称。主播在和粉丝慢慢熟悉的过程中，可以了解他们的喜好，这样主播才能发现粉丝喜欢的称呼究竟是什么。

课间案例

自定义独特的粉丝称呼

淘宝升级了，称客户为"亲爱的"；快手主播称粉丝为"宝宝"；一些主播则另辟蹊径，称粉丝为"家人们"。简单的称呼能够带来粉丝效应和暖场效果。

4．播放音乐

直播间少不了音乐，音乐有着很重要的作用，好的音乐能让粉丝在主播的直播间多待一会儿。因为直播间粉丝的年龄不同，所以相关人员要根据粉丝的情况来决定播放的歌曲。

总之，直播间的氛围决定直播间的互动率，热闹的直播间能吸引更多的粉丝。主播要根据粉丝的喜好进行直播，使他们活跃起来。

4.3　协调数据资产和团队资产

最近大火的"东方甄选"，背后有众多的团队，从产品上架到物流、运营等，整个卖货环节都需要团队协作。因此，直播电商企业要通过数据资产和团队资产的协调运作，使内部达成共识，共同为直播电商的运营出力。

4.3.1　数据资产

对于企业来说，直播电商价格资源来源于平台累积的数据资产，企业利用数据完成数据反馈，确定产品定价与市场走向；通过大数据建立柔性供应链，提高人货匹配效率。

1．数据价值

经历了近几年的快速发展，直播电商相关的产业链正愈发成熟。直播与电商的结合是信息流和产品流的高效结合。一方面，上游商家，通过 MCN 机构对接主播或者直接对接主播在多平台直播，导流到电商平台完成交易。这段链条能够大大降低信息不对称的程度，加速了信息、产品和资金的流动，提高了效率。另一方面，随着底层技术（大数据、云计算等）与中间业态（直播基地、MCN 机构）的持续迭代，直播电商行业专业化、数字化程度不断提高。上游商家能直接联系用户，形成 C2M（Customer to Manufacturer，从消费者到生产者）模式，大幅提高反应能力，促进供应链缩短提效。

此外，直播电商的数据价值很高，能够帮助企业绘制精准全面的用户画像，从而反哺上游商家生产以及支持 MCN 机构选货，实现整个直播电商业态正向循环。

> **小贴士**
>
> 想要做好直播电商，数据分析工具是必不可少的。从各大平台采集汇总的数据，有助于企业进行决策和运营。

2．数据反馈

企业通过数据可以打造柔性供应链，同时提高人货匹配的效率。

（1）柔性供应链。

以服装为例，直播给大量的小微服装厂带来了生机。快捷且转化率高的直播交易方式，使直播间与工厂供需两端一拍即合，形成大量"前播后厂"的有趣业态。

头部主播可以轻松承接小微服装厂全年产量。服装类目主播背后是多个 MCN 机构，对应上万家年产值小于千万元的小微服装厂。小微服装厂抓住结构变革机会，直接对接前端主播，跃升为综合型服装供应链企业，提高设计与组货能力，供应链更柔性也更有效率。

（2）算法提高人货匹配效率。

在传统电商无法触及的前端数据采集上，主播有强烈的意愿与供应链共享用户与自身的精准数据，以期达到更高效的人货匹配。匹配算法、群控工具、商业智能（Business Intelligence，BI）分析等都会成倍提高效率，使企业有可能通过高效选品，快速打造热卖产品。

4.3.2 团队资产

直播电商企业要重视内部人力资源的合作与运作，一方面要搞好部门协作，另一方面要组建专业的直播电商小组，完成专业化的直播运营。

1. 部门协作

除了优秀的主播，运营团队的配合也很重要。直播时，需要一位现场导播，以实时控场、安排流程、上货并发送链接、处理应急事务；需要一位内容策划，对直播内容进行撰写，使直播生动有趣；需要一位粉丝运营，将直播预告发送出去，并活跃粉丝群，保证直播时有粉丝来观看。总之，直播电商并不是主播单独在镜头前进行卖货，而是整个团队的协作。

（1）供应链支持。

直播后，产品销量可能会在短时间内呈现爆发式增长，这就对供应链产能、备货、物流等带来了严峻考验。同时，由于价格是电商直播的敏感内容，因此企业与供应链的议价能力也非常关键。在这些方面的工作做好了，直播团队才有与粉丝互动的底气。因此，供应链端一定要做好产品、价格和库存等的协调和对接。

（2）市场推广支持。

直播目前正处于风口且本身就是一场营销活动，除了直播卖货，还会引起后续的广告效应。媒体自发报道和分析，也有利于直播进行二次传播，并为下一场直播预热。因此做好宣传亮点包装、直播活动策划等工作，可以让市场推广事半功倍。

（3）运营执行支持。

直播前：

① 了解平台直播规则，做好电商直播执行方案；

② 统领直播定向推进，开定向会，确定直播排期、人员分工和活动方案等；

③ 跟进主播选品、脚本梳理、产品上下架等；

④ 写好话术脚本，提醒人、货到场；

⑤ 在微信、抖音等平台进行直播前预热宣传，并且点对点定向邀约。

直播中：

① 运营直播间；

② 发送开播公众号推文，转发链接；

③ 根据产品变化随时调节灯光亮度；

④ 按要求切换音乐 / 镜头，提醒主播、模特站位（角度、距离）；

⑤ 及时处理画面卡顿等突发情况；

⑥ 与用户互动，发红包，回复相关留言；

⑦ 在微信上通过客户的加好友申请，回复其各种问题。

直播后：

① 填写场记表，做好数据整理；

② 组织直播参与人员进行复盘；

③ 在微信群、微信朋友圈进行二次营销。

（4）财务支持。

直播电商还需要财务部门对产品成本进行精准核算，因此直播电商需要企业从财务等组织架构层面给予支持。

2．组建直播电商小组

人力资源部门要从各个部门抽调相应人手组建直播电商小组。直播电商小组的组成部分如下。

（1）星探 / 招募团队。

直播经纪人：负责主播的招聘、考核、管理、培训等。

（2）直播团队。

场控：负责配合直播中控台、发放优惠券、上货、组织活动报名等。

主播：熟悉产品信息、介绍和展示产品、与粉丝互动、介绍活动、复盘直播内容、把关产品质量等。

辅播：协助主播直播，负责配合直播间所有现场工作等。

策划：负责活动设计、脚本策划等。

（3）招商团队。

招商宣传：负责商家合作、产品招商等。

样品管理：负责产品的更新、管理等。

（4）供应链团队。

负责直播基地、直播工厂、直播商场、直播品牌的打造及运营等一系列事务。一般比较成熟、规模较大的直播电商企业才会配备供应链团队。

（5）运营团队。

直播运营：负责各项直播业务的一切运营相关工作。

数据运营：负责直播数据收集、数据分析、直播方案优化等。

内容运营：负责直播前后的内容宣传、造势、相关运营等。

归纳与提升

本章从理论层面分析了直播电商的策略和运作。

第一，直播电商运营的前提是企业内部达成对直播的共识，直播电商企业要为直播赋能，让直播间的主播实现"帮助粉丝买产品"，而不是硬性植入和售卖产品。

第二，企业要明白直播电商的运营目标是将直播间的用户转化成主播的粉丝，提高产品的销量。

直播电商运营策略包括选品策略、产品组合策略、转化策略、提高签收率策略、暖场策略等。直播电商企业可通过数据资产和团队资产的协调运作，使内部达成共识，共同为直播电商的运营出力。

名词解释

选品策略；用户画像；产品组合；数据资产

复习思考题

一、单项选择题

1. 直播电商企业要对直播赋能，主要基于（   ）方面的优势。

    A. 主播个人魅力   B. 供应链优势

    C. 营销策略   D. 直播技术

2. 在直播电商中，提高签收率策略不包括（   ）。

    A. 提高快递发货效率   B. 提高包装质量和效率

    C. 降低商品价格   D. 注意产品及发货的细节

3. 直播电商选品策略的核心是（   ）。

    A. 主播个人喜好   B. 直播间用户画像

    C. 产品品牌知名度   D. 市场流行趋势

二、多项选择题

1. 直播电商运营中，提高转化率的策略有（　　　）。
   A. 以价格为策划亮点　　　　　　　B. 以互动为策划亮点
   C. 以福利为策划亮点　　　　　　　D. 以权益为策划亮点
2. 提高直播电商产品签收率的策略包括（　　　）。
   A. 提高快递发货效率　　　　　　　B. 提高包装质量和效率
   C. 注意产品及发货的细节　　　　　D. 增加直播时长
3. 直播电商小组可能包括（　　　）。
   A. 星探/直播团队　　　　　　　　　B. 招商团队
   C. 供应链团队　　　　　　　　　　D. 运营团队
4. 直播电商数据资产的价值体现在（　　　）。
   A. 提高信息流通效率　　　　　　　B. 帮助绘制用户画像
   C. 实现柔性供应链　　　　　　　　D. 降低主播成本

三、判断题

1. 直播电商的基础目标是将直播间的用户转化为主播粉丝，进而提高产品销量。（　　）
2. 直播电商企业只需要主播一个人就能完成所有直播运营工作。（　　）
3. 直播电商的供应链团队只负责产品的库存和物流。（　　）
4. 直播电商的转化策略中，以价格为策划亮点是唯一有效的方法。（　　）
5. 直播电商的数据资产只能用于产品定价和市场走向的确定。（　　）

四、简答题

1. 如何理解电商运营的实质？
2. 如何提高直播间产品的转化率？
3. 如何构建直播间的用户画像？
4. 提高直播电商签收率的策略有哪些？

五、案例分析题

如果你是一家食品企业直播电商负责人，企业计划在 5 月 17 日开展一场"吃货节"专场直播。为了吸引更多的用户观看，并尽可能提高转化率，请你针对该场直播的宣传引流和直播后的二次传播进行具体的方案策划。

一、宣传引流方案

1. 社交平台预热：利用微博、微信、抖音等社交平台，提前发布"吃货节"直播预告，通过短视频、图文等形式展示直播亮点，如特别嘉宾、美食试吃、限时优惠等。

2. 合作达人推广：与知名美食达人进行合作，邀请他们参与直播并提前进行宣传，借助其粉丝效应提高直播影响力。

3．线上广告投放：在各大搜索引擎、社交媒体及短视频平台投放精准广告，定位潜在消费者，提升直播曝光度。

4．线下门店联动：在门店内设置"吃货节"直播宣传海报、二维码等，引导用户关注并参与直播活动，同时提供线上直播专属优惠券，促进线上线下互动。

二、直播后二次传播方案

1．直播回放分享：直播结束后，将直播回放整理成短视频、图文等形式，在社交平台进行分享，吸引错过直播的用户观看。

2．用户反馈征集：通过问卷调查、评论区留言等方式，收集用户对直播活动的反馈，了解用户需求，为后续活动提供改进方向。

3．直播亮点剪辑：将直播中的精彩片段、美食制作过程等剪辑成短视频，在抖音、快手等平台进行传播，提升品牌曝光度。

4．合作达人持续推广：邀请合作达人在直播后进行二次宣传，分享直播体验、美食推荐等，提高直播影响力。

通过以上宣传引流和直播后二次传播方案的实施，我们相信可以吸引更多用户关注并参与到吃货节直播活动中，从而完成更多的转化，提升品牌知名度和美誉度。

场景实训

一、使用 AIGC 工具制定直播电商运营策略与运作方案

1．明确使用目的

使用 DeepSeek 为企业畅选直播制定一套可参考的直播电商运营策略与运作方案。畅选直播是一个专注于多品类商品销售的直播电商平台，希望通过优化运营策略与运作流程，提升直播效果，实现销售目标的快速增长，并强化品牌形象。

2．明确运营策略与运作目的

此次直播电商运营策略与运作方案的制定，旨在确保直播活动的有效实施，提高销售转化效率，同时强化品牌形象。通过科学合理的运营策略与运作流程，为直播电商活动提供有力支持。

3．确定要求

根据使用目的和运营策略与运作目的，结合直播电商行业的特性和畅选直播的实际需求，提出以下具体要求。

企业背景：畅选直播，一个专注于多品类商品销售的直播电商平台，拥有广泛的商品线和稳定的用户基础。

运营策略与运作目标：通过优化运营策略与运作流程，提升直播效果，实现销售目标

的快速增长，并强化品牌形象。

具体要求：请使用 DeepSeek 工具为畅选直播量身定制一套直播电商运营策略与运作方案，该方案需涵盖运营策略制定、运作流程优化、数据资产与团队资产协调、人设 IP 构建以及部门协作与团队组建等关键环节。

4. 发送要求并获取方案

打开 DeepSeek 页面，在文本框中输入上述要求，并按"Enter"键发送，如图 4-2 所示。

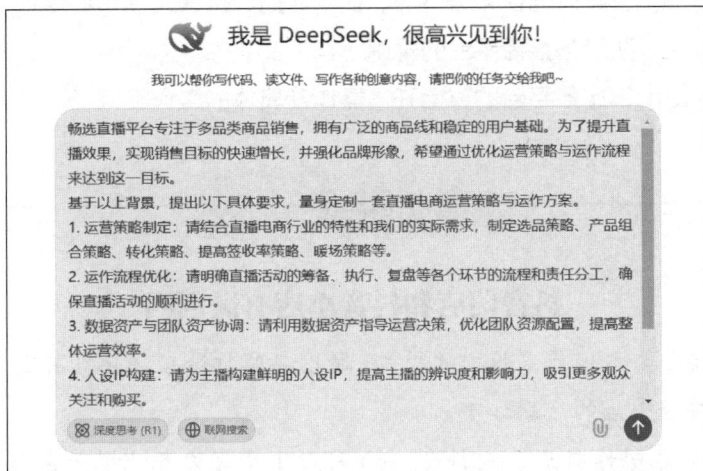

图 4-2　使用 AIGC 工具制定直播电商运营策略与运作方案

二、策划一场直播活动

【实训目标】

1. 深入理解直播电商运营的实质；

2. 掌握直播电商不同的运营策略；

3. 清楚数据资产和团队资产对直播电商的重要性。

【实训内容】

从抖音、快手、淘宝等直播平台选择一个进行直播活动策划。团队合理分工，根据直播间用户画像制定对应的选品策略，并配合产品组合策略、转化策略、提高签收率策略、暖场策略等分析直播电商产品是否能实现盈利。

【实训要求】

1. 要综合运用各种运营策略；

2. 小组人员要合理分工，协作完成任务。

第5章
直播电商的实施与执行

学习目标

➢ 了解微信视频号直播、快手直播、抖音直播和淘宝直播的区别

➢ 熟悉各直播平台的规则

➢ 掌握各平台的直播开通操作及具体的操作细则

引例

抖音门店和抖音小店有区别吗

抖音门店其实是为本地商家推出的模式，帮助品牌打造区域化具有创新性的商业活动。抖音门店和抖音小店的区别如下。

（1）抖音门店也叫作抖店，是抖音App针对中小客户推出的一款区域营销产品，能够满足线上开店诉求，主要模式为线上"种草"和线下转化。抖音小店实际上就是抖音线上的店铺，抖音用户可以在抖音小店内购买需要的产品，然后经过物流运输到自己的手上。

（2）从服务对象来看，抖音门店主要被推荐给本地用户，而抖音小店则面向全国范围的用户，抖音门店的认证资质要求是比较高的，商家必须拥有企业账号，而抖音小店的认证则取决于商家自己的意愿。

（3）抖音门店是面向线下的门店，其提供的服务也面向线下人群，类似于餐饮、休闲娱乐等；而抖音小店则主要在线上销售实物产品。两者提供的产品类型差异是比较大的。

思考题

1. 抖音门店是什么？

2. 抖音小店和抖音门店有什么区别？

随着直播电商的发展，各大电商平台以及短视频平台纷纷进入直播电商领域，主播参与直播电商除了需要根据自身优势选择合适的直播平台，还要熟练掌握对应平台的规则以及操作细则。

5.1　微信视频号直播

微信视频号是一个人人可以记录和创作的平台，也是一个了解他人、了解世界的窗口。微信视频号鼓励有创作、表达意愿的机构和个人加入，可发布 1 分钟内的视频，或者 9 张以内的图片，随时随地和更多人分享生活。在微信视频号中，用户可以发现更多有意思的人和内容，关注感兴趣的视频号主，点赞、评论，进行互动，也可以将内容转发到朋友圈、聊天场景，与好友分享。

扫一扫看微课

微课 5-1

5.1.1　微信视频号规则说明

微信视频号直播最大的价值在于私域流量的开发和持续沉淀，能够实现社交裂变。

1. 流量规则

（1）新增关注：设置粉丝专属福利，吸引用户关注直播间。（优质直播间标准：新增粉丝与观看人数之比 ≥ 5%。）

（2）互动率：点赞数 > 直播间分享人数 > 评论数，可通过抽奖活动提升用户互动积极性。（优质直播间标准：点赞数与观看人数之比 ≥ 1，评论数与观看人数之比 ≥ 15%。）

（3）消费深度：衡量消费深度的指标主要包括用户停留时长、支付转化率、购物车到达率、GMV。（优质直播间标准：人均停留时长 >3 分钟，成交单数与观看人数之比为 2% ～ 3%。）

（4）直播频率：固定开播时间，建议保持日播频率。

（5）直播时长：单场直播时长 ≥ 4 小时，流量高峰期为 8 ～ 9 点，12 ～ 14 点，19 ～ 23 点。

> **小贴士**
>
> 以微信视频号为代表的微信体系内的直播平台，凭借直播互动与商品销售的闭环，商家朋友圈、微信群、公众号等多渠道引流，微信体系内的公域流量补充私域流量池以及众多裂变玩法等优势，创造了直播电商行业盈利的最大增长。

2. 直播方式

微信视频号目前主要有以下 3 种直播方式。

（1）手机直播。可以设观看权限，面向所有观众或指定观众。指定可按群、通讯录和白名单选择，可指定群在直播中参与领红包、抽奖。

（2）计算机直播。登录微信 PC 端，可以发起直播。

（3）OBS（Open Broadcaster Software，其为一款开放式直播推流软件）直播，支持按白名单设置观看权限。

5.1.2 手机端微信视频号开通直播操作

1. 开通条件

（1）主账号：开通直播功能，且账号类型必须为"个人"或"公司"，不支持"团体""组织"等其他类型账号。

（2）实名认证：完成认证，并通过相关审核。

（3）直播间：创建并设置好直播间，包括名称、封面、描述等信息。

（4）商品准备：准备好商品库存，保证供应充足，建议准备多个品类以供选择。

（5）平台规范：遵守平台规范和法律法规，在直播过程中不得存在侵犯他人权益、推销违禁品等行为。

（6）申请入驻：入驻直播带货平台，如淘宝、京东、拼多多等。

> **注意**
>
> 开通直播申请由微信官方进行处理。审核通过后即可使用微信视频号直播功能。

2. 开通方法

先将微信升级至最新版，进入微信，点击首页右下方的"我"按钮，再点击"视频号"，如图 5-1 所示。

图 5-1 微信视频号入口

进入微信视频号后台，点击"发起直播"按钮，选择"直播"，如图 5-2 所示。

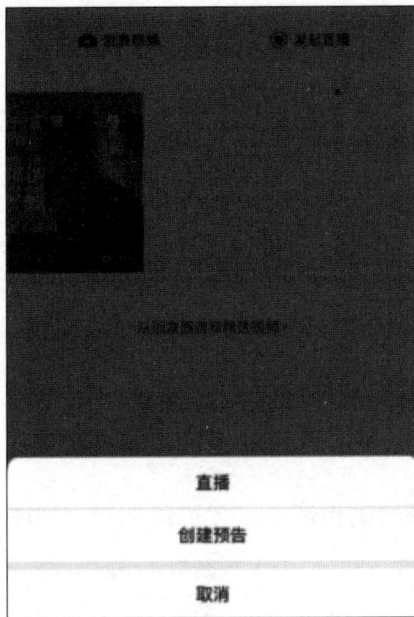

图 5-2　微信视频号直播入口

选择"直播"后，进行视频号直播开播认证，需要认证实名信息和年龄，并了解相关规定，如图 5-3 所示。

图 5-3　微信视频号直播开播认证指引

完成认证后，按要求填写直播间资料，包括直播主题、直播间封面等，如图 5-4 所示。设置完成后点击"开始"按钮。

图 5-4　微信视频号直播间资料填写

成功创建直播间后，需要缴纳保证金，才可以上货，如图 5-5 所示。

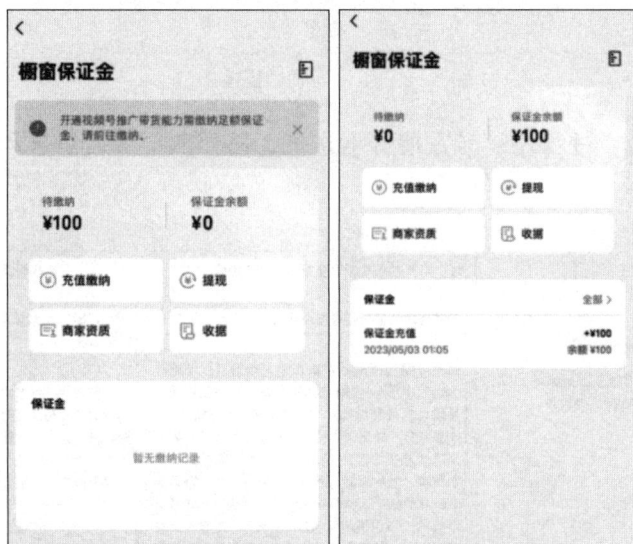

图 5-5　微信视频号直播间缴纳保证金页面

5.1.3　手机端微信视频号直播带货操作细则

开通直播间后，要准备好相应的商品，同时做好直播前的准备工作。

在微信后台点击"商品"—"添加商品"—"去选品"，在打开的"选品中心"页面挑选商品加入橱窗，如图 5-6 所示。

> **注意**
>
> 在"选品中心"页面添加商品需要再一次进行实名信息验证授权，才可以将商品添加到商品列表中。

图 5-6　微信视频号直播前添加商品入口

添加完商品，点击"开始"按钮就可以开始直播，如图 5-7 所示。

图 5-7　微信视频号开启直播页面

5.1.4　PC 端微信视频号开通直播操作

单击微信左下方"☰"，单击"视频号直播工具"，如图 5-8 所示，第一次打开需要下载直播工具资源。

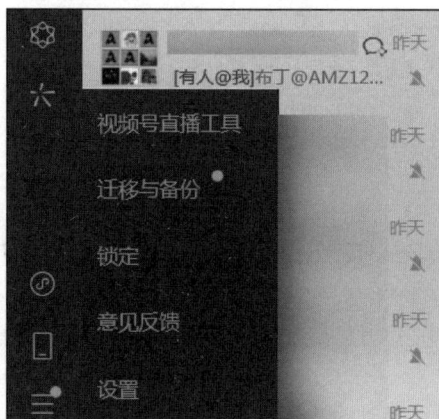

图 5-8　视频号直播工具入口

进入"视频号直播工具"页面，添加画面源，可选择"摄像头""窗口""屏幕""手机画面""游戏进程""图片与视频""文本""歌词"等，如图 5-9 所示。

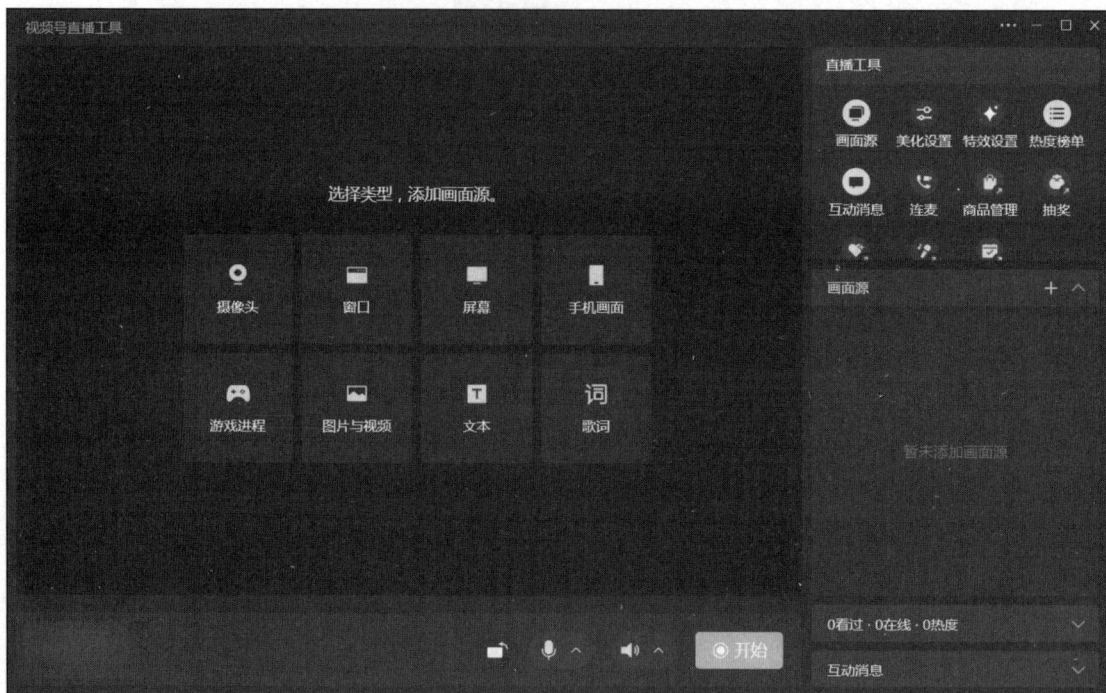

图 5-9　添加画面源，准备开启直播

5.1.5　PC 端微信视频号直播带货操作细则

开通直播间后，进入 PC 端微信视频号直播后台，单击"商品管理"进入"视频号·助手"页面，如图 5-10 所示。

进入 PC 端"视频号·助手"页面，可进行内容管理、直播商品管理等，如图 5-11 所示。

图 5-10　"商品管理"

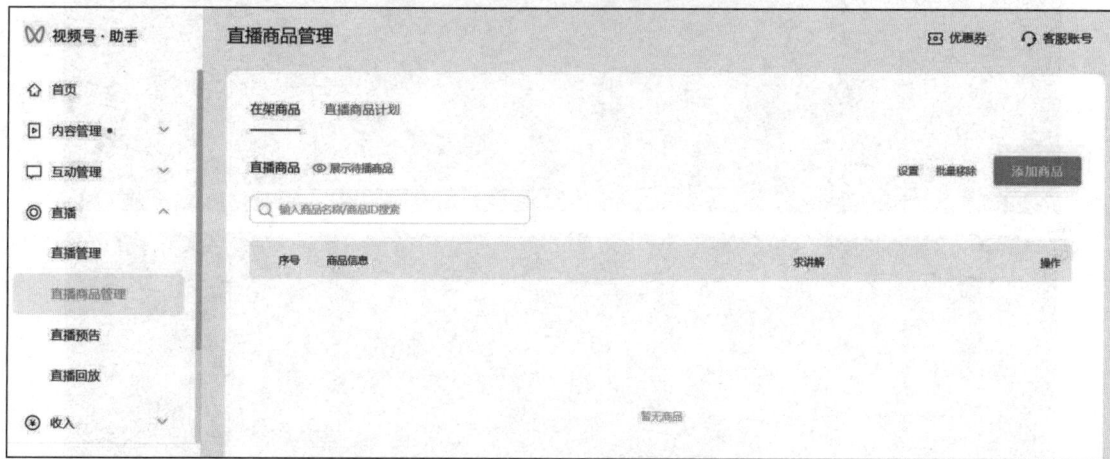

图 5-11　PC 端"视频号·助手"页面

1．添加商品

进入"视频号·助手"页面，单击"直播"—"直播商品管理"，在"直播商品管理"模块单击"添加商品"按钮，可从商品库中将商品导入直播间，如图 5-12 所示。

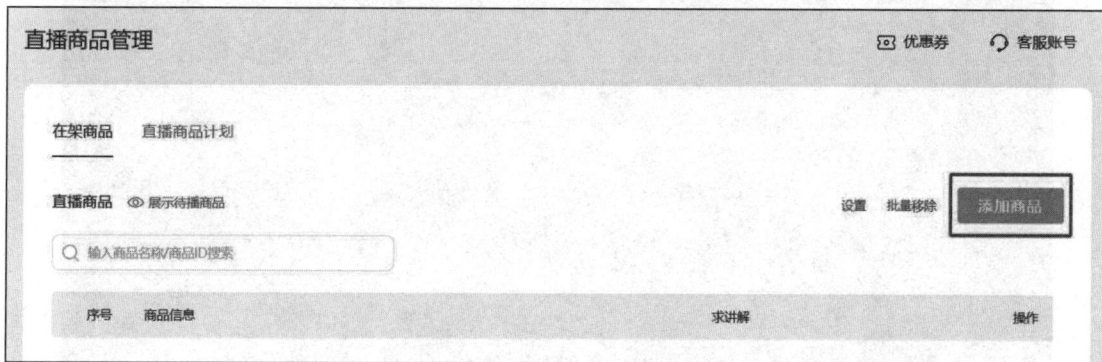

图 5-12　"添加商品"流程

2．开启直播

进入"视频号直播工具"页面，单击"开始"后，可修改分类及修改封面等，确认无误后，单击"开始直播"，如图 5-13 所示。

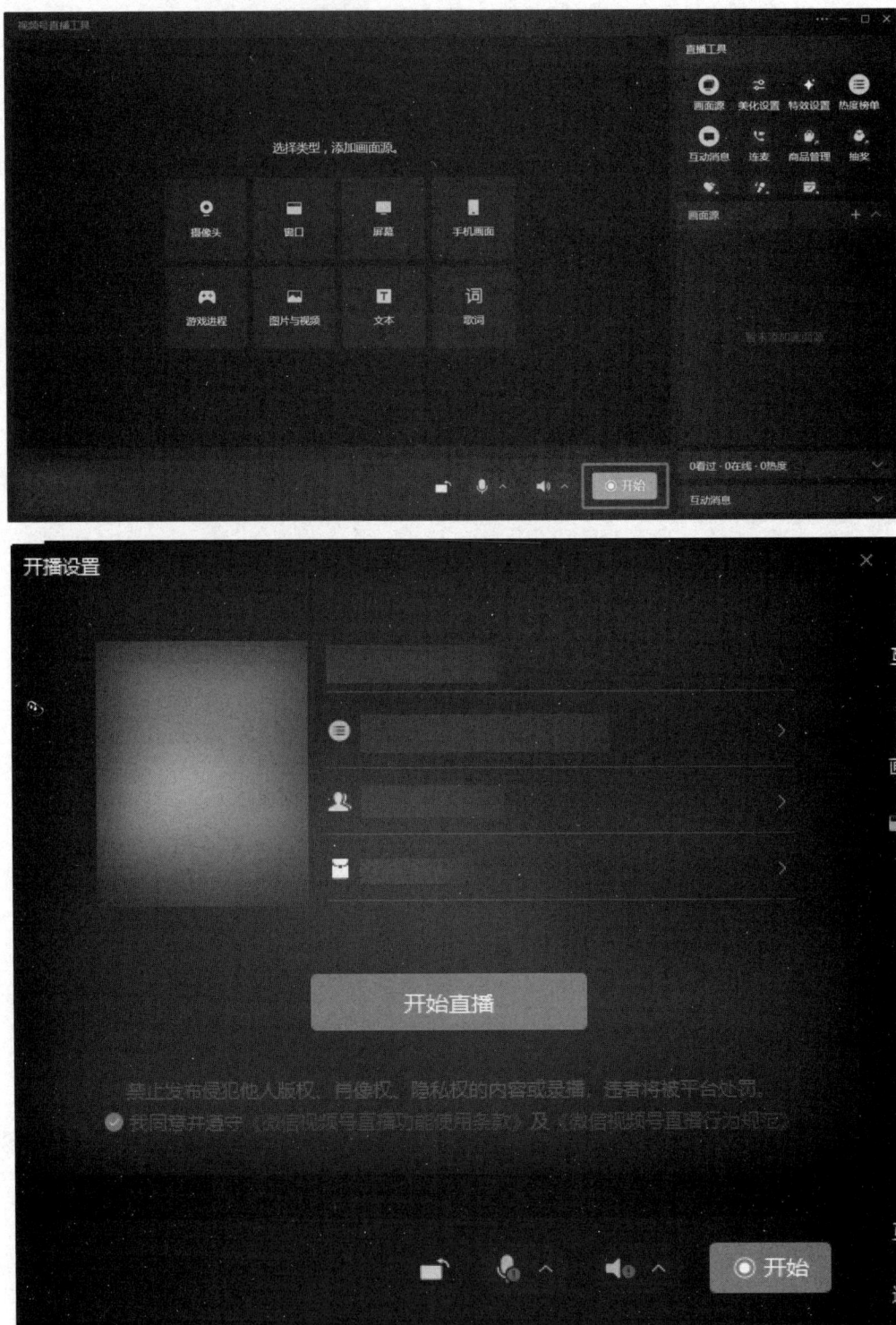

图 5-13 "开启直播"

直播结束后，可查看本场直播数据。回到"视频号·助手"页面，单击"直播"—"直播管理"查看近期直播数据，如图 5-14 所示。

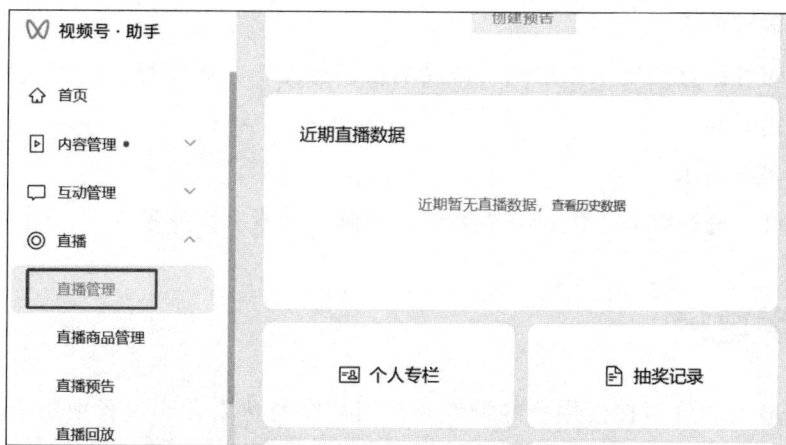

图 5-14　近期直播数据

5.1.6　开放式直播推流软件

1. 开通方法

在 PC 端"视频号·助手"页面，单击"直播"—"直播管理"—"更多直播方式"选择"推流直播"，进入直播设置页面，如图 5-15 所示。

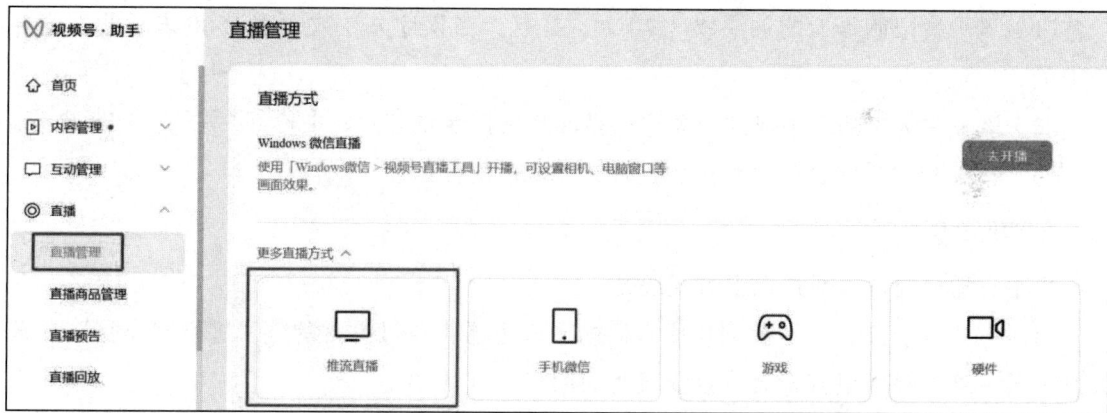

图 5-15　"推流直播"

2. 直播推流作用

直播推流是将现场或实时的音视频内容，通过网络技术实时传送到互联网上，供观众在线观看的过程。简单来说，就是把现场的画面和声音"推送"到网络上，让观众能够实时看到和听到。

（1）画面更高清

直播间画面清晰度更高，画面更精致，使用直播推流可以借助更专业的设备，提升直播的画质。

例如在带货类直播，更高清的画面，能够更好展示商品，观众的购物体验感也会更好。

（2）方便内容展示

推流直播间可以直接展示二维码、产品的价格贴图等，更便捷、引流效率更高，也节省了主播的口播时间。

（3）满足多种需求

直播推流可以进行游戏、影视类等类型的直播，也能上传视频文件，完成录播。

5.2 快手直播

快手直播最大的价值在于用户的黏性高，因此在与达人合作过程中用户会因为达人的推荐而关注企业的直播间，从而为直播间带来流量。

扫一扫看微课

微课 5-2

5.2.1 快手直播规则说明

快手直播优先基于用户社交关注和兴趣来调控流量分发，主打"关注页"推荐内容。快手的弱运营管控直接链接内容创作者与"粉丝"，加强双方黏性，沉淀私域流量，诞生了信任度较高的"老铁关系"。

1. 流量规则

（1）该平台限制每天的关注数是 20 人，并且，当累计关注数到达 1500 人后就不能再添加了。

（2）该平台优先基于用户社交关注和兴趣来调控流量分发，主打"关注页"推荐内容。

（3）持续的优质内容输出是快手直播获得流量的保证。

2. 开展方式

快手直播目前可以通过以下方式展开。

（1）与达人合作：企业找到快手直播的头部主播，通过打赏的方式进行"连麦"，直接从其他头部主播那里获得观看企业直播的用户。

（2）发布内容：企业通过对主播的人设打造，制作短视频内容，通过发布内容获得平台推荐的流量。

从投入上看，投入适当的成本是在快手直播获得流量的关键。

5.2.2 快手直播开通操作

本节介绍快手直播的开通条件及开通方法。

1. 主要开通条件

（1）观看快手视频时长达标：需要连续观看快手视频 7 天，每天至少 1 分钟。

（2）发布公开作品至少 1 个。

（3）满 18 岁。

（4）实名认证。

2．开通方法

（1）打开快手 App，选择适当登录方式，如图 5-16 所示。

图 5-16　快手 App 登录页面

（2）点击"我"进入"设置"选择"开通直播"进行"实名认证"，如图 5-17 所示。

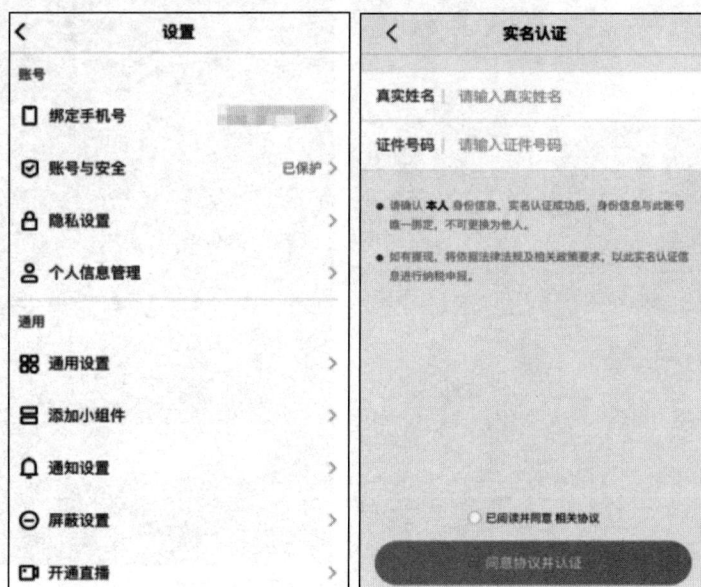

图 5-17　实名认证

（3）进行实名认证，开通直播权限，如图 5-18 所示。

图 5-18　申请直播权限

（4）点击首页中间"＋"按钮，进入直播页面，如图 5-19 所示。

图 5-19　快手直播入口及设置方式

5.2.3　直播带货操作细则

开通快手直播间后，如果需要增加商店和商品，完成后续直播带货的操作，可以通过快手小店。

1. 开通快手小店

进入快手 App，点击左上角的"≡"，根据页面提示完成实名认证后即可开通快手小店，如图 5-20 所示。

图 5-20　开通快手小店

2. 上传商品

打开快手小店（卖家端）页面，进入快手小店后台的"商品管理"页面，单击"新增商品"按钮，就可以进入创建商品的流程。按照提示填写内容，提交审核即可，如图 5-21 所示。

图 5-21　上传商品

3．商品导入直播间

在快手 App "小黄车商品" 列表页，点击 "添加商品"，然后再勾选相应商品，点击 "确认添加"，商品即被添加到 "小黄车商品" 列表页，如图 5-22 所示。

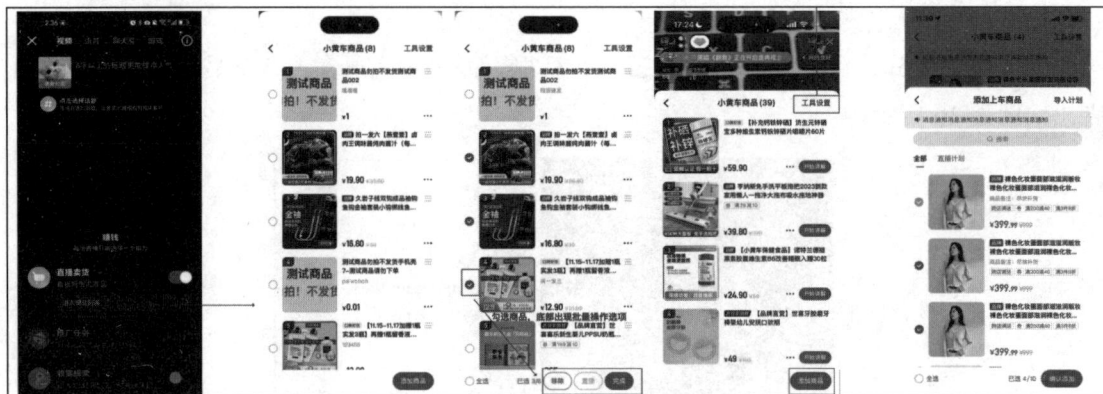

图 5-22　添加直播商品

5.3　抖音直播

抖音直播旨在提供丰富的视频内容和交互体验。在抖音直播中，用户可以创建直播间和分享丰富多彩的视频，也可以社交互动，内容涵盖原创视频、电视节目等，以期吸引更多的用户。

5.3.1　抖音直播规则说明

抖音的重算法轻粉丝的流量分发逻辑来自今日头条，其算法区别于搜索引擎和社交平台的信息推荐模型，将内容和用户进行匹配，系统进行精准推荐。

1．流量规则

（1）开通抖音直播后，系统会分配一个初始流量池，推荐 300 人次左右的播放量。系统通过算法给符合要求的视频更多的曝光机会。

（2）新人主播的主要流量来自附近的人以及视频推荐。

（3）直播前一小时发布视频，视频如果上了热门，就会有更多流量进入直播间。同时，视频处于热门时，也是非常好的开播时机。

2．流量获取方式

抖音短视频的内容优劣是企业能否做好抖音直播的首要因素。抖音直播的流量获取策略如下。

直播预告：在昵称中添加直播时间、在个人简介中添加直播时间、制作预告直播的短视频。

直播引流：定时发布与直播相关的短视频，在直播过程中同步更新，用短视频给直播间引流。

与达人连麦：选择抖音提供的随机连麦方式，通过互动相互引流。

打赏引流：道具"传送门"（"传送门"作为一种特殊的道具或功能，被广泛应用于打赏引流策略中）。

热门直播间引流：打赏或评论等（通常通过平台的虚拟货币、礼物或其他支付手段进行。例如，在某些直播平台上，观众可以购买平台特定的虚拟礼物送给主播，主播之后可以将这些虚拟礼物兑换为现金）。

5.3.2　抖音直播开通操作

1．开通条件

（1）开通抖音号。

（2）实名认证。

（3）企业直播需要认证企业号。

2．开通方法

（1）先将抖音升级至最新版，进入抖音 App，点击首页下方的"+"按钮，如图 5-23 所示。

（2）进入拍摄页面后，点击"开始视频直播"按钮即可，如图 5-24 所示。

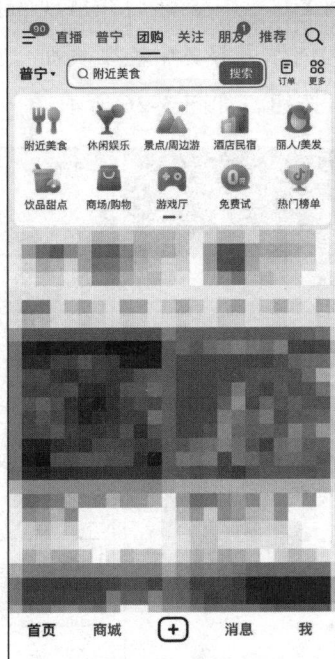

图 5-23　抖音直播入口

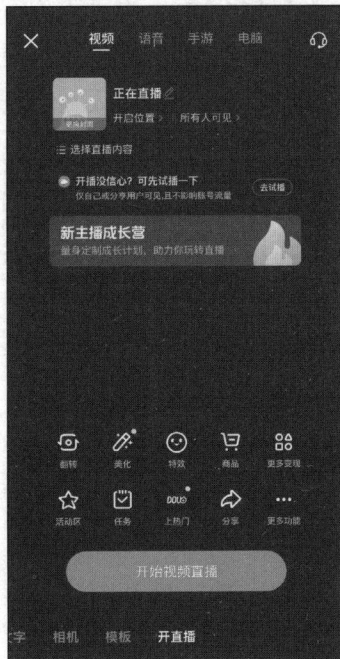

图 5-24　抖音开直播页面

（3）如需要开启其他直播模式，可点击拍摄页面上方的"语音""手游"等切换模式如图 5-25 所示。

图 5-25　切换抖音直播模式

5.3.3　抖音直播带货操作细则

1．开通商品带货功能

申请方式：登录抖音 App，点击页面右下角的"我"，然后在出现的页面中点击右上角的"☰"，点击"创作者服务中心"，进入"创作者服务中心"页面，点击页面中间的"电商带货"，接着点击"立即加入抖音电商"按钮，如图 5-26 所示。

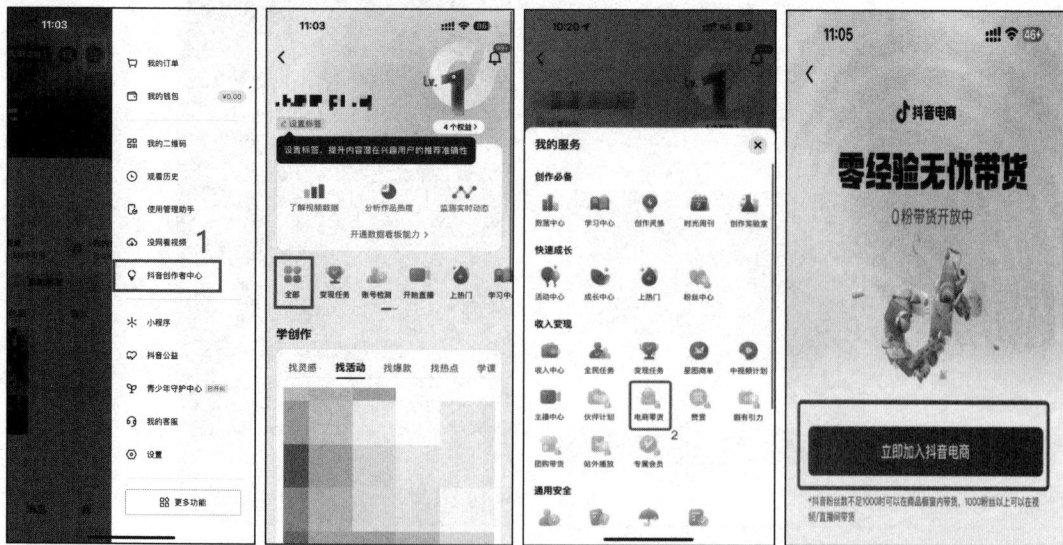

图 5-26　开通电商权限步骤

开通要求：

（1）需要达人完成抖音平台的实名认证，才可以申请开通电商带货权限。

（2）当达人粉丝数量不足 1000 人时，仅获得橱窗带货权限。

（3）粉丝数达到 1000 人后的次日，可以进一步开通直播间和短视频带货权限。

2．开播前添加商品

进入抖音 App，点击首页下方的"+"按钮，点击"商品"，挑选商品"加选品车"，如图 5-27 所示。

图 5-27　添加商品

注意

带货资质是指达人在抖音电商推广带货时所使用的身份资料信息，资质类型分为：个人、个体、企业三种。

3．发放优惠券

进入抖店 App，点击"全部""营销推广"—"优惠券"—"一键创建"，如图 5-28 所示。

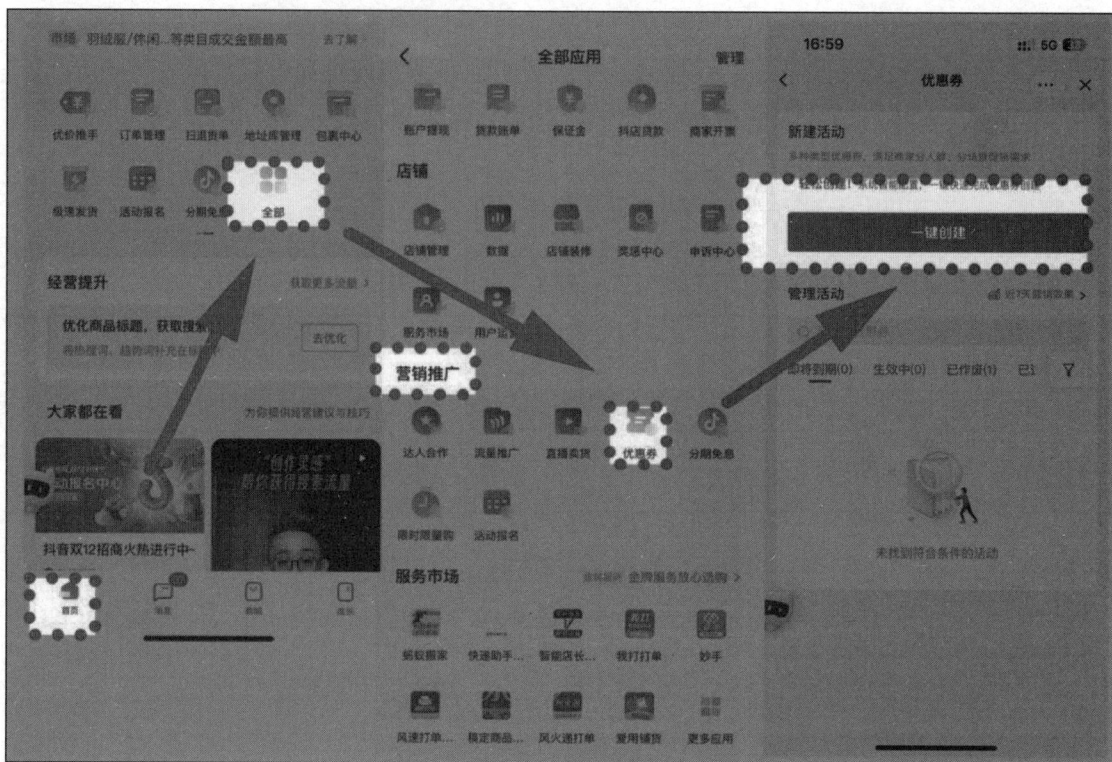

图 5-28　创建优惠券

5.4　淘宝直播

淘宝直播同时拥有私域流量和公域流量，是典型的混合域直播方式，流量一部分是电商店铺自有的粉丝，另一部分是由淘宝直播根据直播间权重推荐的流量。

5.4.1　淘宝直播规则说明

相比于其他直播平台，淘宝直播是以货为中心的直播方式。用户在淘宝直播间有类似"逛街"的感觉，购物目的相对明确。

1．流量规则

（1）淘宝平台90%以上的直播都是商家自播，而不是达人直播。

（2）对于没有粉丝的商家来说，浮现权是必须去开通的。只有开通了浮现权，直播才有机会展示在淘宝的直播频道。开通浮现权的要求是月直播场次大于8场，月直播天数大于8天，经验分数大于3 000分。

（3）淘宝直播可以采用"短视频+直播"的模式，剪辑直播中的片段，发布在抖音、快手之类的短视频平台，用内容获取平台分发的流量，最后将流量引到淘宝直播间。

小贴士

淘宝直播主要根据主播的分级分配流量，主播的考核标准是根据"经验＋专业"值进行综合评定的。其中，影响经验的因素包括直播场次、直播时长、平台活动参与度和完成度、粉丝留存率。影响专业的因素包括一个月内的直播订单量、进店转化率，以及订单退货量、差评量等。

2．开展方式

（1）商家自播：淘宝直播为目前直播电商模式最为成熟的平台之一，其直播电商模式主要分为达人带货和商家自播，90% 直播场次和 70% 成交额来自商家自播。淘宝直播进店转化率超 60%，但退货率较高。

（2）与达人合作：导流到店，独立成交。

5.4.2　淘宝直播开通操作

1．开通条件

（1）淘宝直播需要企业或个人拥有淘系店铺（天猫或淘宝）。

（2）店铺等级为一钻以上（包含一钻）。

（3）实名认证。

注意

个人未拥有店铺需要成为淘宝达人才可以开通直播。

2．下载方式

下载淘宝直播客户端，如图 5-29 所示。

图 5-29　下载淘宝直播客户端

登录淘宝直播，点击"立即入驻，即可开启直播"，再进入"实人认证"成为淘宝主播，如图 5-30 所示。

图 5-30　入驻淘宝直播

在淘宝直播客户端，单击"创建直播"，如图 5-31 所示。

图 5-31　创建直播

填写直播信息，包括"封面图""直播时间""频道栏目"等，单击"创建直播"，
正式创建直播场次，如图 5-32 所示。

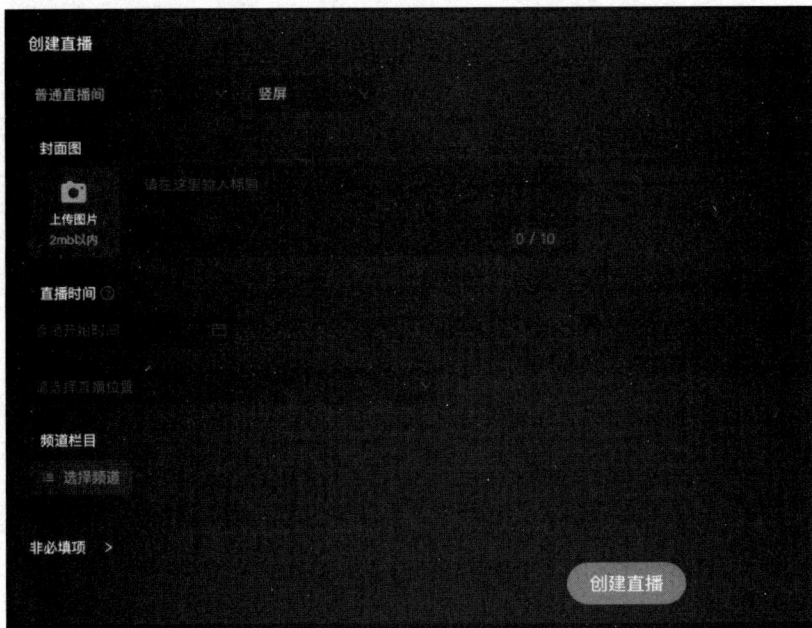

图 5-32　填写直播信息

创建好直播后，单击"正式开播"，会进入倒计时，5 秒内将会发布直播，如图 5-33 所示。

图 5-33　正式开播

5.4.3 淘宝直播带货操作细则

淘宝直播可以链接淘宝及天猫商城的商品，让用户购物更加方便。

1．发布预告

在淘宝直播客户端，直接进入"直播预告"，单击页面右上角的"创建预告"，如图 5-34 所示。

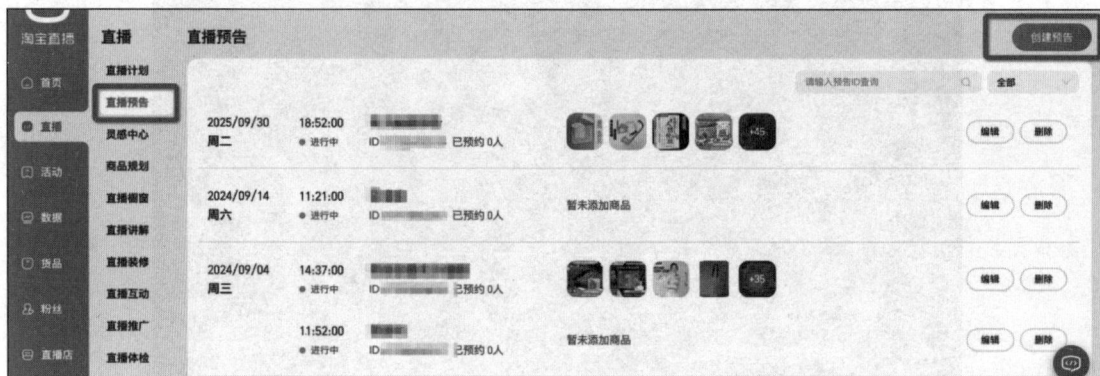

图 5-34 直播预告

2．直播间调试

在淘宝直播客户端，在"添加元素"元素管理页面中找到已添加的"摄像头"元素，单击"摄像头"后的齿轮按钮进入"摄像头设置"页面，如图 5-35 所示。

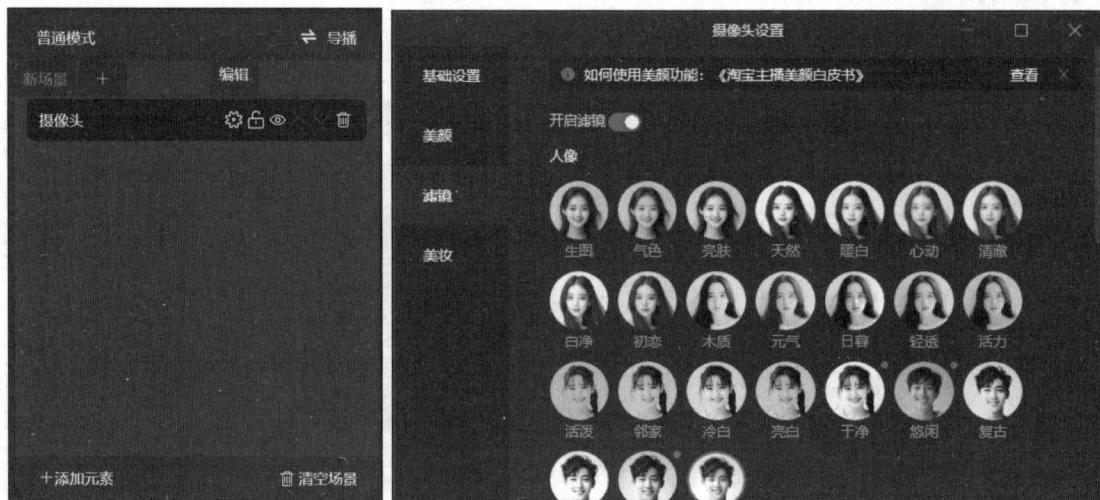

图 5-35 摄像头设置

3．直播间添加商品

下载并使用淘宝直播中控台，在推流页面选择好要开播的场次后单击"商品上架"选择商品上传，如图 5-36 所示。

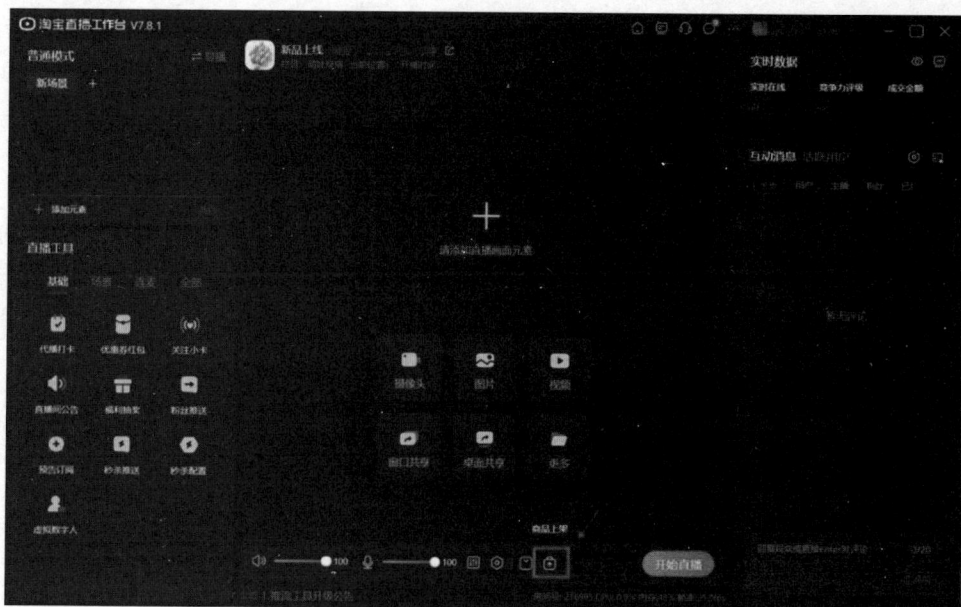

图 5-36　商品上架

对于通用商品，可以根据不同分类选择商品上传，比较常用的分类有"最近发布""最近场次"等，如图 5-37 所示。

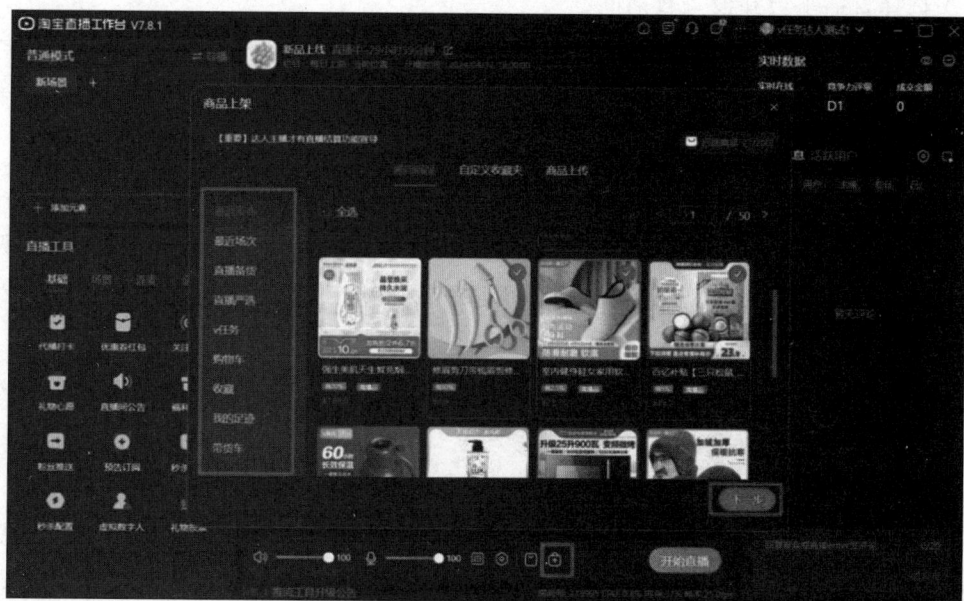

图 5-37　通用商品上传

5.5　数字人直播

数字人直播是由数字化人物或虚拟主播进行直播的活动。这些数字人通常是通过 3D建模、动画制作和 AI 等技术创建的，具有人类的外表、行为和语言能力。

在数字人直播中，数字人主播可以与观众实时互动，回答观众的问题、展示产品、分享知识和信息等。观众则可以通过发弹幕、点赞、送礼物等方式与数字人主播进行互动，并获得类似于观看真人直播的参与感和社交体验。

1. 数字人直播的优势

（1）突破时间与空间的限制。数字人主播可以随时随地进行直播，实现 24 小时不间断直播。

（2）降低成本与风险。与传统直播相比，数字人直播无须支付薪酬和福利，也无须担心主播生病、请假等突发情况，从而降低了直播的成本和风险。

（3）高度定制化和个性化。数字人主播的外貌、声音、行为等都可以根据需求进行定制和修改，满足品牌传播和个性化服务的需求。

（4）丰富互动形式。数字人主播可以结合 AI 技术，进行语音识别，从而实现与观众的实时问答，提升直播的趣味性和观众的参与度。

（5）创新营销方式。数字人直播为品牌营销带来了新的创意和可能性，如通过虚拟试妆、虚拟试穿等方式展示产品，强化观众的购买意愿。

2. 数字人直播的步骤

（1）选择直播平台并设置直播间。

首先，需要选择一个适合数字人直播的平台，如微信视频号、快手、抖音、淘宝等。然后，在该平台上设置直播间，包括直播背景、音乐等元素，以及要销售的商品信息、价格等。

（2）创建数字人角色。

在选择好直播平台后，需要创建一个数字人角色。数字人角色可以通过 3D 建模创建或选择平台提供的默认角色。可以根据自己的需求和喜好来定制数字人角色的外貌、服装等。

（3）准备直播内容。

在进行数字人直播之前，需要准备好直播内容，包括直播主题、互动活动等。这些内容应该能够吸引观众的兴趣并提高他们的参与度。

（4）进行数字人直播。

在准备就绪后，就可以开始进行数字人直播。在直播过程中，需要使用语音合成技术或播放提前录制好的音频来让数字人主播说话，并与观众进行互动。同时，还需要监控直播间的弹幕和评论，及时回答观众的问题和提供必要的帮助。

3. 数字人直播注意事项

确保数字人的模型和动态效果质量上乘，为观众提供更佳的观看体验。熟悉直播平台的操作流程和功能，确保直播过程顺利。积极与观众互动，提升他们的参与感和黏性。根据直播效果和数据反馈，不断调整和优化直播内容和策略。

归纳与提升

微信视频号直播最大的优势在于私域流量的开发和持续沉淀，实现社交裂变。快手直播最大的优势在于用户的高活跃度、强黏性，因此，用户会因为达人的推荐而关注企业的直播间，进而给直播间带来流量。抖音作为国内日活跃用户最多的短视频平台，流量的多少取决于短视频内容是否符合平台用户的喜好，能否引起平台用户的共鸣。淘宝直播是典型的混合域直播方式，流量的一部分是电商店铺自有的粉丝，另一部分是淘宝直播根据直播间权重推荐的流量。相比于其他直播平台，淘宝直播是纯卖货的平台，用户在淘宝直播间有类似"逛街"的感觉，购物目的相对明确。

电商直播平台并没有优劣之分，选择的标准如下：

企业的内容创作能力强，首选抖音、快手直播；

企业的产品能力强，首选淘宝直播；

企业的运营能力强，首选微信视频号直播。

名词解释

抖音直播；快手直播；视频号直播；淘宝直播；数字人

复习思考题

一、单项选择题

1. 不属于整场直播活动脚本要点的是（　　　）。

    A. 直播主题　　　　B. 注意事项　　　　C. 人员安排　　　　D. 商品卖点

2. 淘宝直播引流的方式中，属于私域引流的是（　　　）。

    A. 店铺首页　　　　B. 微博　　　　C. 微信公众号　　　　D. 朋友圈

3. 抖音直播的流量分发逻辑主要基于（　　　）。

    A. 粉丝数量　　　　　　　　　　B. 算法和用户兴趣匹配

    C. 社交关注　　　　　　　　　　D. 直播间的权重

二、多项选择题

1. 微信视频号直播有（　　　）等主要的直播方式。

    A. 手机直播　　　　B. 计算机直播　　　　C. OBS 直播　　　　D. 无人机直播

2. 快手直播的流量获取策略有（　　　）。

    A. 与头部主播合作　　　　　　　B. 发布内容

    C. 购买流量　　　　　　　　　　D. 打赏引流

3．淘宝直播的带货操作细则可能包括（　　　）等步骤。

A．发布预告　　　　　　　　　　B．直播间调试

C．直播间添加商品　　　　　　　D．参加官方直播活动

三、判断题

1．在微信视频号直播中，点赞数比评论数对互动率的贡献更大。（　　　）

2．淘宝直播的所有流量都来自电商店铺自有的粉丝。（　　　）

3．快手直播的流量获取策略中，与头部主播合作是一种有效的方式。（　　　）

4．数字人直播的注意事项中，不需要考虑观众的接受度和喜好。（　　　）

四、简答题

1．微信视频号直播有哪些特点和优势？

2．快手直播与淘宝直播在直播开展方式上有哪些区别？

3．简述抖音直播与短视频内容两者有什么关系？

4．简述数字人直播的定义，并列举数字人直播的有哪些？

五、案例分析题

某新兴化妆品品牌决定通过直播形式推广其最新系列的护肤品。作为市场部门的一员，你被委派来策划并执行这场直播活动。请基于以下情境，分析并提出你的策划方案。

1．该化妆品品牌主打天然有机成分，目标受众为 25～40 岁的都市白领女性。

2．品牌之前主要依赖传统广告和社交媒体进行推广，首次尝试直播。

3．直播时间定在晚上 8 点，预计时长为 2 小时。

4．品牌已有一定知名度，但新产品系列的市场反响尚未可知。

策划方案：请你根据以上情景，制订一份详细的直播策划方案，包括直播主题、内容安排、互动环节设计等。

推广策略：考虑到目标受众的特征，请提出如何在直播前进行有效的预热和宣传，以吸引更多目标观众参与直播。

风险评估与应对：分析直播过程中可能遇到的风险和问题，如技术故障、观众互动不积极等，并提出相应的应对措施。

效果评估：设定几个关键指标来衡量直播活动的效果，如观看人数、销售额增长、用户反馈等，并说明如何根据这些指标来评估直播的成功与否。

后续跟进：直播结束后，如何利用直播中收集的数据和用户反馈来优化后续的产品推广和市场策略。

一、使用 AIGC 工具制定直播电商实施与执行方案

1. 明确使用目的

使用 DeepSeek 为企业畅播天下制定一套可参考的直播电商实施与执行方案。畅播天下是一个专注于多品类商品销售的直播电商平台，希望通过优化实施与执行流程，提升直播效果，实现销售目标的快速增长，并强化品牌形象。

2. 明确实施与执行目的

此次直播电商实施与执行方案的制定，旨在确保直播活动的顺利实施，提高销售转化效率，同时强化品牌形象。通过科学合理的实施与执行流程，为直播电商活动提供有力保障。

3. 确定要求

根据使用目的和实施与执行目的，结合直播电商行业的特性和畅播天下的实际需求，提出以下具体要求。

企业背景：畅播天下，一个专注于多品类商品销售的直播电商平台，拥有广泛的商品线和稳定的用户基础。

实施与执行目标：通过优化实施与执行流程，提升直播效果，实现销售目标的快速增长，并强化品牌形象。

具体要求：请使用 DeepSeek 工具为畅播天下量身定制一套直播电商实施与执行方案，该方案需涵盖平台选择与规则熟悉、直播内容策划、直播设备与场景布置、直播流程执行以及团队协作与分工等关键环节。

4. 发送要求并获取方案

打开 DeepSeek 页面，在文本框中输入上述要求，并按"Enter"键发送，如图 5-38 所示。

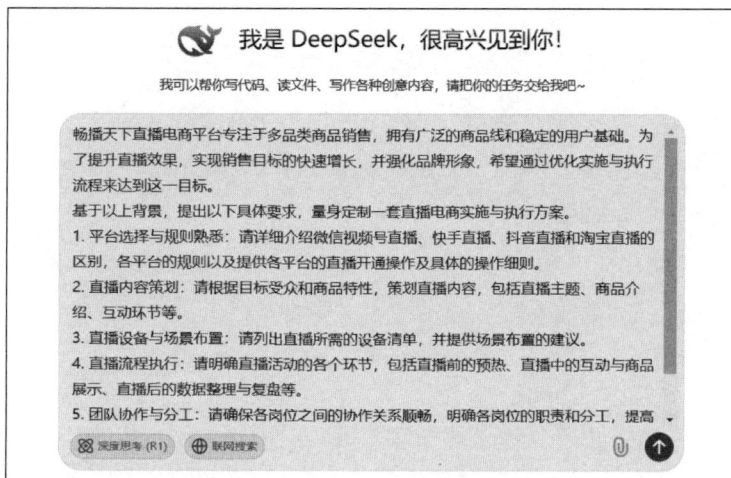

图 5-38　使用 AIGC 工具制定直播电商实施与执行方案

二、举办一场直播活动

【实训目标】

1．熟悉不同直播平台的区别；

2．熟练掌握任一直播平台的操作方法；

3．掌握直播平台的选择方法。

【实训内容】

根据自己的需求选择合适的直播平台并进行一场直播。

【实训要求】

1．准备直播设备：需要准备摄像头、话筒、灯具等设备，确保直播画面高清和声音清晰。

2．布置直播场景：根据直播内容布置合适的场景，布置好摄像头和灯光。

3．测试直播效果：在直播前进行测试，确保画面和声音的质量。

4．开始直播：在直播平台上开启直播，进行直播内容的演示和讲解。

5．与观众互动：在直播过程中与观众互动，回答观众的问题，提高直播间互动率。

6．结束直播：直播结束后，进行回顾和总结。

第6章
直播电商运营数据分析

学习目标

➤ 掌握直播电商流量数据分析的相关内容

➤ 掌握直播电商销售数据分析的相关内容

➤ 掌握直播电商客户购买行为数据分析的相关内容

➤ 了解直播电商数据复盘与诊断的相关内容

引例

从影棚到田间地头，东方甄选户外直播之电商数据

在实施乡村振兴战略的背景下，受地方各级人民政府邀请，东方甄选到各省（区、市）开展户外直播，宣传当地文化、带动当地特色产品销售，努力创造社会价值，进一步丰富直播间特色与内涵。由于农产品供应链把控是难点，东方甄选通过开展户外直播可以深入原产地与优质企业建立联系，整合与完善供应链。

2022年，东方甄选在北京、黑龙江、陕西、贵州、山东等地，举办了6场户外直播活动，宣传特色农产品、地方文化。

2022年7月17日，东方甄选将首场户外直播的直播间搬到了北京平谷桃园。在北京平谷桃园的带货中，人气峰值为32.6万人，桃子迅速售罄。

2022年7月26日在黑龙江牡丹江和7月28日在哈尔滨的两场户外直播也受到诸多关注，观看人次分别达到3 063万和2 414万，GMV分别达到3 844万元和2 490万元。

东方甄选开启"东方甄选陕西行"专场直播活动，在直播过程中相关人员现场学习安塞腰鼓、安塞剪纸、黄河老腔、皮影戏等艺术。在8月13日延安户外直播中，东方甄选主账号GMV高达4 362.4万元，人气峰值43.6万人，用户平均停留时长4分33秒，优质内容广受好评。

东方甄选还于9月3日举办贵州专场等产品直播带货活动，当日GMV创历史新高，达到7 560万元，观看人次3 873.6万。丰富有趣的直播内容使得用户平均停留时长高达5分5秒。

10月29—30日，东方甄选来到山东举办直播专场，携手品牌"好品山东"，最大化投入自身资源，推荐山东特色产品，宣传齐鲁大地文化。本次直播专场的主播阵容，首次增至10名主播。

思考题

1. 分析直播数据时，除了本场的直播数据，还需要分析哪些数据？
2. 直播间人气与哪些因素有关？

根据案例中的直播数据，可以对直播效果做一个综合的评价。对于不同企业和主播，直播电商效果的评价指标也不同，但基础指标基本一致。通常来说，直播电商的效果评估指标分为流量指标、人气指标和转化指标，而直播电商的效果评判标准和复盘都是根据这三个指标来进行的。

6.1 直播电商流量数据分析

对于直播电商来说，流量数据分析意味着查看过去用户浏览量的变化情况，如哪一天或哪个时间段的浏览量最高。分析结果可以帮助电商企业了解用户的活跃时间，进而优化广告投放、活动策划等。

直播电商流量数据分析是直播电商运营中的重要环节，通过对流量数据进行分析，商家可以了解不同渠道的流量质量和转化效果，从而优化流量获取策略，提高投资回报率（Return on Investment，ROI）。

扫一扫看微课

微课 6-1

6.1.1 流量来源分析

对于互联网企业来说，流量数据往往存在周分布规律。对此，可以先宏观地统计出周一到周日每天总的平台流量。首先可以仔细观察工作日和周末的流量数据，发现周末的平台流量较工作日流量要高，这在互联网行业是一个比较普遍的现象，如图 6-1 所示。

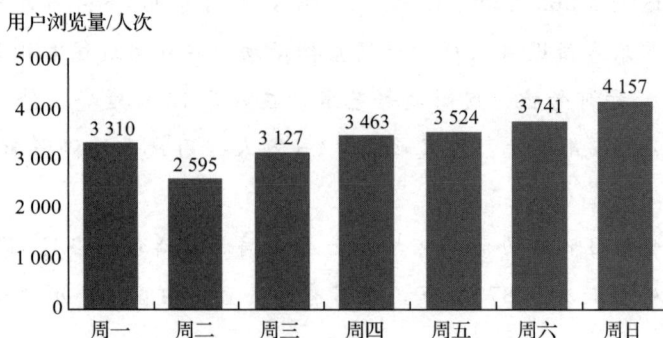

图 6-1 一周内流量数据对比情况

掌握了用户流量的周分布规律之后，就大致有了一个推广方向。由于周末平台流量大，相较于工作日可以开展更多有吸引力的推广活动来吸引新用户和活跃老用户。

1．流量来源渠道

直播流量的来源渠道，包括社交媒体、搜索引擎、广告等。相关人员可分析不同渠道的流量占比和变化趋势，以评估不同渠道的引流效果。

2．社交媒体流量数据分析

社交媒体平台如微信、微博、抖音等是直播流量的重要来源。分析社交媒体流量数据，可以了解用户在社交媒体平台的行为习惯和偏好，以便制定更合理的社交媒体营销策略。

3．广告投放数据分析

通过广告投放获取直播流量是一种常见的策略。分析广告投放数据，可以了解广告效果和转化率等，以便优化广告投放策略和提高 ROI。

4．用户行为数据分析

通过分析用户在直播间的行为数据，如观看时长、互动频率、购买转化率等，可以了解用户对直播内容是否感兴趣和是否存在需求，以便优化直播内容。

5．流量质量评估

除了流量数量，流量的质量也是非常重要的评估指标。通过分析流量来源的数据，可以评估流量的质量和转化效果，以便优化流量获取策略和提高 ROI。

总之，相关人员需结合具体的业务场景和数据指标深入分析直播电商流量来源数据，以帮助商家更好地了解用户需求和市场趋势，制定更为精准的营销策略。

6.1.2　流量转化数据分析

流量转化数据分析是直播电商运营中的重要环节，可以帮助商家深入了解观众的购买行为和需求，从而优化直播内容和营销策略，提高转化率和销售额。

1．转化率分析

转化率是衡量直播效果的核心指标之一。转化率直接反映了观众对直播内容的兴趣和购买意向。通过对转化率的分析，商家可以了解以下内容。

（1）直播内容与商品是否匹配或商品信息展示是否清晰：如果转化率较低，问题可能是直播内容与商品不匹配或者商品信息展示不清晰。商家可以针对这些问题进行优化，如调整直播内容、完善商品信息等。

（2）价格是否合理：如果转化率较低，原因可能是商品价格过高或者观众对价格敏感。商家可以根据市场情况和竞争环境调整价格策略，提高转化率。

（3）购买流程是否顺畅：如果转化率较低，原因可能是购买流程烦琐或者观众对购买流程不熟悉。商家可以简化购买流程，提高购买便捷性，从而提高转化率。

2．购买路径分析

购买路径是指观众从进入直播间到购买商品所经历的流程和操作步骤。通过对购买路径的分析，商家可以了解以下信息。

（1）观众的操作习惯和偏好：了解观众的操作习惯和偏好可以帮助商家优化直播间的布局和设计，优化观众的购买体验。

（2）购买路径中的瓶颈：通过分析购买路径，找到瓶颈，商家可以针对性地优化购买流程，提高转化率。

（3）营销活动的位置和效果：了解营销活动在购买路径中的位置和效果可以帮助商家优化营销策略，提高销售额。

3．商品曝光率与点击率分析

商品曝光率和点击率是反映观众对商品关注度和感兴趣程度的重要指标。通过对商品曝光率和点击率的分析，商家可以了解以下信息。

（1）哪些商品更受欢迎：通过分析商品曝光率和点击率，商家可以了解哪些商品更受欢迎，从而优化货品策略。

（2）商品的展示方式和位置：了解商品的展示方式和位置对曝光率和点击率的影响，可以帮助商家调整商品的展示方式和位置，提高转化率。

（3）价格与点击率的关系：通过分析价格与点击率的关系，商家可以了解价格对点击率的影响，从而优化价格策略。

4．用户画像分析

用户画像是指对观众的基本特征、购买偏好和行为特征等进行综合分析的结果。通过对用户画像的分析，商家可以了解以下信息。

（1）观众的基本特征：了解观众的基本特征可以帮助商家有针对性地制定营销策略和推广活动。

（2）观众的购买偏好：了解观众的购买偏好可以帮助商家优化货品策略，提高转化率和销售额。

（3）观众的行为特征：了解观众的行为特征可以帮助商家优化直播内容和互动方式，提高和增强观众的参与度和购买意向。

5．流量时段分析

流量时段分析是指分析不同时段的流量情况和转化率。通过对流量时段的分析，商家可以了解以下信息。

（1）高峰期和低谷期：了解流量高峰期和低谷期可以帮助商家合理安排直播时间和人力资源。

（2）转化率与流量的关系：了解转化率与流量的关系可以帮助商家有针对性地优化直

播内容和营销策略，提高转化率。

（3）时段差异与用户行为的关系：了解不同时段用户的购买行为和偏好可以帮助商家有针对性地优化互动方式，提高转化率和销售额。

总之，直播流量转化数据分析可以帮助商家深入了解观众的购买行为和需求，从而优化直播内容和营销策略，提高转化率和销售额。通过对转化率、购买路径、商品曝光率和点击率、用户画像以及流量时段的分析，商家可以更好地把握市场趋势和用户需求，制定更为精准的营销策略。

6.1.3　流量质量评估

流量质量评估是直播电商运营中的重要环节，通过对流量质量进行评估，商家可以了解流量的真实性和转化效果，从而制定更为精准的营销策略。

1. 网络速度

（1）加载时间。加载时间指的是用户从点击直播间链接到完全加载出直播内容所需的时间。加载时间过长可能会导致用户体验不佳和转化率低，商家可以通过压缩直播文件和提高网络传输速度来缩短加载时间。

（2）带宽。带宽指的是用户网络的传输速度。如果用户带宽较慢，可能会影响直播的播放质量和流畅度，商家可以通过压缩直播文件和视频来提高带宽利用率。

2. 用户设备

（1）设备类型。了解用户设备类型可以帮助商家有针对性地优化直播内容和提高直播适配性，从而优化用户体验和提高转化率。例如，针对移动端用户，商家可以优化直播界面和操作流程，使用户操作更便捷。

（2）操作系统。了解用户操作系统情况可以帮助商家有针对性地优化直播内容和适配性，提高用户体验和转化率。例如，针对不同操作系统，商家可以适配不同的设备和浏览器，确保直播的播放质量和流畅度。

3. 用户地域

（1）地域分布。了解用户地域分布情况可以帮助商家有针对性地优化营销策略和推广渠道，提高转化率和销售额。例如，针对不同地域的用户，商家可以制定不同的营销策略和推广活动，提高转化率和销售额。

（2）网络环境。了解用户网络环境情况可以帮助商家有针对性地优化直播内容和适配性，优化、提高用户体验和转化率。例如，针对不同网络环境用户，商家可以提高直播清晰度和流畅度，优化用户体验和提高转化率。

4. 用户行为

（1）访问时长。访问时长指的是用户进入直播间后停留的时间。商家可以通过分析访问时长数据，了解用户对直播内容的兴趣和需求，有针对性地进行优化，优化用户体验和提高转化率。

（2）互动频率。互动频率指的是用户在直播间内互动行为的频率。商家可以通过分析互动频率，了解用户的参与度和活跃度，有针对性地进行互动环节的设计和优化。

（3）购买转化率。购买转化率指的是用户从观看直播到最终购买商品的比例。商家可以通过分析购买转化率，了解直播内容和营销策略对用户的吸引力和引导效果，有针对性地进行优化和创新。

（4）跳出率。跳出率指的是用户在进入直播间后立即跳出的比例。商家可以通过分析跳出率，了解直播间的内容、设计和用户体验等方面存在的问题，有针对性地进行改善。

（5）二次回访率。二次回访率指的是用户在第一次访问直播间后再次访问的比例。商家可以通过分析二次回访率，了解直播间的吸引力和用户的黏性，有针对性地对相关内容进行优化和创新。

5．流量真实性

（1）IP 来源。IP 来源可以反映流量的真实性。商家可以通过分析 IP 来源，了解流量的来源和真实性情况，有针对性地进行优化和创新。例如，针对异常 IP 来源流量进行清洗和过滤，提高流量的质量和转化率。

（2）访问速度。访问速度过快或过慢都可能意味着流量的不真实。商家可以通过分析访问速度数据，了解流量的速度和稳定性，有针对性地进行优化和创新。例如，针对异常访问速度的流量进行清洗和过滤，提高流量的质量和转化率。

（3）用户行为轨迹。用户行为轨迹可以反映流量的真实性。商家可以通过分析用户行为轨迹，了解用户在直播间的行为特征和规律，有针对性地进行优化和创新。例如，针对行为轨迹异常的用户进行清洗和过滤，提高流量的质量和转化率。

6.1.4 流量预测与优化策略

流量预测与优化策略是直播电商运营中的重要环节。对流量进行预测和优化，可以帮助商家更好地了解市场趋势和用户需求，制定更为精准的营销策略和创新计划，加强引流效果和提高销售额。

1．流量预测

（1）预测模型：商家可以采用多种预测模型对流量进行预测，如时间序列模型、回归分析模型、机器学习模型等。这些模型可以帮助商家对未来一段时间内的流量趋势进行分析和预测，以便制定更为精准的营销策略和资源分配计划。

（2）数据来源：商家可以通过多种途径获取流量预测所需的数据，如电商平台数据、社交媒体数据、市场调研数据等。这些数据可以帮助商家更全面地了解市场趋势和用户需求，提高流量预测的准确性和可靠性。

（3）预测结果应用：流量预测结果可以帮助商家制定更为精准的营销策略和资源分配计划。例如，商家可以根据预测结果调整推广渠道、优化直播内容、制订营销计划等，以增强引流效果和提高销售额。

2．优化策略

（1）精准确定目标用户：通过对流量来源和用户行为进行分析，商家可以更准确地了解目标用户的需求和偏好，从而制定更为精准的营销策略和推广活动，提高转化率和销售额。

（2）优化直播内容：根据目标用户的需求和偏好，商家可以有针对性地优化直播内容，如产品展示、讲解方式、互动环节等，以优化用户体验和提高转化率。

（3）调整推广渠道：通过对不同推广渠道的流量情况和转化效果进行分析，商家可以有针对性地调整推广渠道，提高 ROI 和销售额。例如，针对移动端用户，商家可以在社交媒体平台重点推广短视频和直播，加强转化效果。

（4）精细运营策略：商家可以通过精细运营策略提高流量质量和加强转化效果，如个性化推荐、社群运营、专属优惠发放等。例如，商家可以根据用户购买历史和浏览行为推荐相应的商品，加强和提高用户购买意愿和忠诚度。

（5）增加互动环节：互动环节是直播电商的重要环节之一，可以优化用户体验和提高转化率。商家可以通过增加互动环节提高用户参与度和活跃度，如增加抽奖活动、问答环节等。

（6）优化购物流程：购物流程的顺畅与否直接影响用户的购买体验和转化率。商家可以通过优化购物流程优化用户体验和加强转化效果，如简化购买流程、提供多种支付方式、优化售后服务。

（7）持续跟进效果：制定优化策略后，商家需要持续跟进效果并进行调整。通过对流量数据、转化率、销售额等指标进行监控和分析，商家可以及时发现问题并进行调整，不断改善直播电商运营效果。

小贴士

直播电商流量预测与优化策略是直播电商运营中的重要环节。通过对流量进行预测和优化，商家可以更好地了解市场趋势和用户需求，制定更为精准的营销策略和创新计划，加强引流效果和提高销售额；同时，对流量质量进行监控和分析，可以帮助商家及时调整优化策略，为企业的持续发展提供有力保障。

6.2 直播电商销售数据分析

直播电商销售数据分析是通过分析销售数据来评估直播的销售效果，涉及销售金额、销售数量、转化率等指标。

进行直播电商销售数据分析时，需要确保数据的真实性和可靠性、分析结果的客观公正性、优化策略的可行性和实施效果的可控性等。同时，结合市场环境和竞争对手的情况进行综合分析，以制定更加全面和有效的销售策略。

6.2.1 直播电商销售目标、数据分析框架与关键指标分析

直播带货已经成为电子商务行业中非常流行的销售方式。通过直播平台，商家可以与用户实时互动，展示商品特点并直接促成销售。然而，要实现直播带货的成功，制定合理的销售目标是至关重要的。

直播电商的数据分析框架是一套系统的科学方法论，有助于商家实现直播电商销售目标。

1．直播电商销售目标

（1）销售额目标。设定明确的销售额目标，结合直播的实际情况和市场趋势进行调整。销售额目标可以是每场直播的销售额、每月的销售额或全年的销售额。

（2）销售数量目标。设定明确的销售数量目标，考虑商品库存和市场需求。销售数量目标可以是每个商品的销售数量、每场直播的销售数量或全年的销售数量。

（3）转化率目标。设定购买转化率和订单转化率目标，评估用户从浏览到购买的转化效果。转化率目标可以是每场直播的转化率、每月的转化率或全年的转化率。

（4）用户增长目标。设定用户增长目标，包括新用户获取和老用户留存目标。可以通过增加观众数量、提高观众活跃度等方式来实现用户增长目标。

（5）品牌推广目标。设定品牌推广目标，通过直播提升品牌知名度、优化品牌形象和口碑。可以通过监控品牌曝光度、品牌认知度等指标来衡量品牌推广效果。

2．直播电商数据分析框架

（1）数据收集：收集与直播电商相关的数据，包括销售额、销售数量、转化率、用户行为等数据。

（2）数据清洗：对收集到的数据进行清洗，确保数据的准确性。

（3）数据分析：对清洗后的数据进行深入分析，包括趋势分析、对比分析、关联分析等，以评估销售效果和发现潜在问题。

（4）数据可视化：通过图表、仪表盘等形式将分析结果进行可视化展示，以便更直观

地了解数据和评估效果。

（5）策略优化：根据数据分析结果制定优化策略，包括调整直播内容、改进销售策略、改善用户体验等，以优化销售效果和实现销售目标。

（6）持续监控：持续监控数据变化情况，对实施优化策略的效果进行评估，并据此调整，以保持竞争优势。

3．关键指标分析

（1）销售额分析：分析销售额的变化趋势、不同商品类别销售额占比等，以评估销售效果和市场需求。

（2）销售数量分析：分析销售数量的变化趋势、不同商品类别销售数量占比等，以了解哪些商品更受欢迎和库存管理情况。

（3）转化率分析：分析购买转化率和订单转化率的变化趋势等，以了解用户购买决策过程和优化销售流程。

（4）用户行为分析：分析用户购买时间、购买商品类别、购买数量等，以了解用户购买习惯和需求，制定更精准的商品推荐和促销策略。

（5）流量来源分析：分析流量来源渠道的数据，包括直播间观众数量、来源渠道、停留时间等，以了解哪些渠道引流效果较好，制定更有效的推广策略。

（6）竞争对手分析：分析竞争对手的直播数据和销售策略，了解市场趋势和竞争对手情况，制定更具竞争力的销售策略。

6.2.2　直播电商销售额数据分析

直播电商销售额数据分析主要包括销售额趋势分析、销售数量分析、转化率分析、用户行为分析等方面内容。

1．销售额趋势分析

（1）时间趋势分析：将直播电商的销售额数据按照时间顺序排列，制作成图表，观察销售额随着时间的变化趋势。这样可以评估直播的吸引力和市场表现是否稳定，了解销售的季节性和周期性。

（2）对比分析：将不同直播或不同时间段的销售额数据进行对比，可以评估哪类直播或哪个时间段具有更强的销售转化能力。通过对比分析，可以找出销售表现良好的直播或时间段，为后续的直播策划和推广提供参考。

2．销售数量分析

（1）商品类别销售数量分析：对不同商品类别的销售数量进行统计和分析，了解哪类商品更受欢迎，哪类商品的销量较差。这样可以优化商品选择和库存管理，优化整体销售效果。

（2）时间趋势分析：将销售数量数据按照时间顺序排列，制作成图表，观察销售数量的变化趋势。这样可以了解用户需求的变化情况，为后续的商品采购和库存管理提供参考。

3．转化率分析

（1）购买转化率分析：为了提高购买转化率，主播和商家可以采取多种策略，如优化商品展示、增强用户互动、提供限时折扣等。这些策略都有助于激发观众的购买欲望，从而提高购买转化率。通过对购买转化率的分析，商家可以了解用户对商品的购买决策过程，找出影响用户购买决策的关键因素。例如，商家可以通过分析用户在直播间的浏览行为和购买行为，优化商品的展示方式和推荐策略。

（2）订单转化率分析：订单转化率指的是观众在直播带货过程中，从浏览商品到最终下单的比例。这一指标对于评估直播带货的效果至关重要，因为它直接反映了销售能力。通过对订单转化率的分析，商家可以了解用户从选择商品到完成购买的整体流程，找出影响用户下单的关键因素。例如，商家可以通过分析用户在购物车页面的操作行为，优化购物车页面的设计和支付流程。

4．用户行为分析

（1）用户观看直播的时间与渠道

观看时间：用户观看直播的时间主要集中在晚上和周末。晚上是大部分人下班后的休闲时间，因此是观看直播的高峰期。此外，特定的直播活动，如限时抢购、新品发布等，也会吸引用户在特定时间在线观看。

观看渠道：用户主要通过手机 App 和计算机网页观看直播。其中，手机 App 因其便携性和随时随地观看的优势而更受用户欢迎。

（2）用户观看直播的动机与行为特点

获取商品信息：用户观看直播的主要动机之一是获取商品信息。直播电商通过实时展示商品，让用户更直观地了解商品的特点和使用方法，从而提高购买的决策效率。

冲动性购买：直播电商为用户创造了视觉和听觉上的冲动购买环境。不少用户会在直播过程中被主播的推销手段所吸引，进而产生冲动性的购买行为。

社交互动：用户可以通过直播平台与主播进行实时互动，如提问、留言、点赞等，这已成为用户的习惯。这种社交互动使得购物过程更加有趣和社交化。

品牌忠诚度：由于直播电商平台上的主播通常都是知名度较高的网络红人或者名人，他们的实时推销使得用户对于某些品牌产生了高度的认同感和忠诚度。

（3）用户需求与偏好

商品真实性需求：用户希望通过直播平台获得商品的真实性和可靠性信息，以避免购买到假冒伪劣商品。

　　购物便捷性需求：用户追求购物的便捷和快速性，希望通过直播平台实现线上线下的融合，方便商品的购买。

　　娱乐消遣需求：直播过程中的互动和娱乐元素也是吸引用户的重要因素。用户通过参与抽奖、与主播互动等活动，增加了购物的乐趣。

6.3　直播电商客户购买行为数据分析

　　直播电商客户购买行为数据分析是对消费者在直播电商平台产生的购买行为进行深入解析的过程。通过收集和分析用户点击、浏览、购买、反馈等数据，商家可以洞察用户的购买决策过程、需求和偏好，从而优化商品展示、推荐算法、购物流程等，提高用户购买转化率和满意度，实现销售业绩的增长和品牌形象的塑造。

6.3.1　渠道分析

1. 销售渠道分类

　　在直播电商中，销售渠道可以根据来源和性质分为不同的类型，如平台内销售、平台外销售等。对销售渠道进行分类，有助于商家更好地了解不同渠道的销售效果和贡献。

2. 渠道流量分析

　　（1）流量来源：通过分析直播间流量来源，商家可以了解哪些渠道为直播间提供了更多的流量。例如，有些流量来自社交媒体平台，有些流量来自搜索引擎广告，有些则通过直接访问进入直播间。通过对流量来源的分析，商家可以优化推广策略，提高直播间的曝光率和吸引力。

　　（2）流量质量评估：除了了解流量来源，商家还需要对流量质量进行分析。通过分析流量的地区分布、访问时长、跳出率等，商家可以评估流量的质量和价值。例如，高质量的流量通常位于热门地区、访问时长较长且跳出率较低。

3. 渠道转化率分析

　　（1）转化率评估：转化率是评估销售渠道效果的关键指标之一，包括购买转化率和订单转化率等。通过分析不同渠道的转化率，商家可以了解哪些渠道的用户具有较强的购买意愿和购买能力。例如，有些渠道的转化率较高，说明该渠道的用户购买意愿较强。

　　（2）转化路径分析：除了分析转化率，商家还需要对用户从进入直播间到购买的转化路径进行分析。通过分析用户在直播间的浏览行为和购买行为，商家可以优化直播间的设计和推荐策略，提高用户的购买转化率。

4. 渠道销售业绩分析

　　（1）销售额贡献：对不同销售渠道的销售业绩进行分析，了解哪些渠道对直播电商销售额的贡献较大。例如，有些渠道的销售业绩较高，说明该渠道的用户购买力和购买意愿较强。

（2）销售利润贡献：除了销售额贡献，商家还需要对不同渠道的销售利润贡献进行分析。通过分析不同渠道的销售利润率和销售利润额等指标，商家可以了解哪些渠道对直播电商销售利润的贡献较大。例如，有些渠道的销售利润率较高，说明该渠道的用户购买力和购买意愿较强且成本控制较好。

6.3.2　行为分析

1．用户点击行为分析

（1）商品链接点击分析：通过统计用户对不同商品链接的点击量，商家可以了解用户对不同商品的关注程度。商家可以根据点击量的高低调整商品推荐顺序，从而提高用户购买转化率。

（2）购买按钮点击分析：通过分析用户对购买按钮的点击行为，商家可以了解用户在购买决策过程中的关注点和购买意愿。商家可以根据分析结果优化购买按钮的设计，调整其位置，提高用户购买转化率。

2．用户浏览行为分析

（1）直播间停留时间分析：通过分析用户在直播间的停留时间，商家可以了解用户对直播内容的感兴趣程度和购买意愿。商家可以通过提高直播内容的质量和吸引力，延长用户在直播间的停留时间，从而提高用户购买转化率。

（2）商品详情页浏览分析：通过分析用户在商品详情页的浏览行为，商家可以了解用户对商品的了解程度和购买意愿。商家可以通过优化商品详情页的设计和信息展示形式，增加用户在商品详情页的浏览时间，提高购买转化率。

3．用户购买行为分析

（1）购买决策过程分析：通过分析用户的购买决策过程，商家可以了解用户在选择、比较和购买商品过程中的心理活动。商家可以通过优化购物流程和推荐策略，提高用户的购买决策效率和转化率。

（2）购买时间分布分析：通过分析用户在不同时间段内的购买行为，商家可以了解用户在一天中的不同时段的购买习惯和需求。商家可以通过调整销售策略和直播时间，提高销售业绩和转化率。

4．用户反馈行为分析

（1）评价行为分析：通过分析用户的评价行为，商家可以了解用户对商品的质量、价格、服务等方面的意见。商家可以通过提高商品质量和服务质量，提高用户的满意度和忠诚度。

（2）投诉行为分析：通过分析用户的投诉行为，商家可以了解用户对商品或服务的不满。商家需要及时处理和解决用户的投诉问题，以提高用户的满意度和忠诚度。

在进行分析时，需要注意数据的真实性和可靠性、分析结果的客观公正性、优化策略的可行性和实施效果的可控性等方面的问题。同时，结合市场环境和竞争对手的情况进行综合分析，以制定更加全面和有效的销售策略，实现直播电商销售运营的高效性。商家还需要构建分析框架，对销售额数据和其他相关指标进行综合分析，以便做出全面准确的决策。

6.4　直播电商数据复盘与诊断

没有一场直播是完美的，每场直播都有值得反思的地方。直播电商数据复盘是直播运营的一项重要工作，一场直播只关注销量是不够的，还需要根据数据的变化情况来把控整体直播的节奏。即使是头部主播，每场直播后也需要对直播表现进行复盘，直播复盘是一个有效提升直播数据的方式。有效的直播复盘可以帮助商家在直播带货的道路上少走弯路。

6.4.1　直播复盘的关键工作

直播复盘一般分为过程复盘和数据复盘。

1．过程复盘

直播过程需要全程录制，除了用手机录制，还可以使用专业设备录制，专业设备录制效果更好。

直播过程是团队所有成员配合的过程。因此，在直播过程复盘时，商家需要清晰地了解直播过程中每个人的工作是否执行到位，有人缺席时是否有人补位，遇突发状况是否按照预案处理。

2．数据复盘

进行数据复盘时，商家需要分析整场直播的基础数据、商品详情数据、观众互动数据、直播间流量来源数据等。

6.4.2　直播复盘模块

直播复盘模块包括：短视频、弹幕、流量、转化等。

1．短视频复盘

大部分主播在直播前都会通过短视频进行直播预热或者在直播过程中发布相关短视频对直播商品进行介绍。短视频复盘主要是分析用户对短视频的评论，以便调整选品和确定讲解的侧重点。

2．弹幕复盘

弹幕反映用户在直播过程中的积极互动程度以及对直播的喜爱程度。因此分析用户发布的弹幕，并对用户在直播中的评论进行总结，有助于主播调整下次的直播内容、风格、节奏等。

3．流量复盘

流量复盘主要是对流量的来源和峰值进行分析，进而调整短视频的投放和引流策略。流量复盘可以结合粉丝分析、观众来源等来进行。

4．转化复盘

转化复盘主要是分析一场直播的成交和转化数据，进而调整选品和价格策略。转化复盘可以通过商品分析来进行。

6.4.3　直播运营数据诊断

直播运营数据诊断主要分为流量诊断、互动诊断、转化诊断。

1．流量诊断

流量指标复盘结果不佳的原因通常为：在线人数少和在线人数不稳定。

例：直播在线人数全程小于100人可以判定为在线人数少。

诊断建议：

（1）优化直播场景中的背景，如清楚地展示直播间的亮点及活动，让新用户快速了解；

（2）调整主播的话术；

（3）增加对新用户的关注，及时地念出进入直播间的用户昵称。

例：老用户不清楚直播开播时间，新用户很少转化成为老用户。

诊断建议：

（1）做好直播预告，固定开播时间，让老用户养成观看习惯；

（2）改进直播效果，加强直播间互动，促进初次看直播的新用户转化为老用户；

（3）进行社群运营，运营人员通过私信的方式，逐步引导用户添加运营人员为微信好友，组建微信群，方便维系与用户的关系。

2．互动诊断

互动指标复盘结果不佳的原因通常为新老用户互动率低。

例：直播间的新用户在进入直播间后，没有跳出，但是也没有参与评论互动。

诊断建议：

（1）强化直播间运营人员的互动引导，让进入直播间的新用户可以快速找到参与直播互动的方式；

（2）调整直播间的游戏或玩法，避免新用户不知道如何参与互动。

（3）调整用户的引流方式，避免吸引过多不喜欢评论的用户进入粉丝社群。

例：直播间的老用户回来观看后，大多没有参与评论互动，意味着老用户互动量低。

诊断建议：

（1）及时引导老用户观看直播，并给予福利奖励鼓励老用户参与互动；

（2）可以引导直播间的老用户加群，并对社群进行维护，以避免用户流失，主播要给用户一定的归属感与存在感。

3. 转化诊断

转化诊断的两个核心指标为成交率和退货率。

成交率 = 商品上架后的成交单量 ÷ 单位时间段内直播间人数 × 100%。成交率直接反映选品策略是否正确，如果直播电商成交率持续走低，且持续保持在 10% 以内，意味着选品和直播间用户的匹配度不高，需要进行调整。

诊断建议如下。

（1）商品调整：重新分析直播间的用户画像，调整上架商品或改变商品的属性，如商品的包装材料、商品亮点、商品价格等。

（2）价格调整：重新分析商品价格是否合理，调整商品组合策略，进行差异化定价。

（3）转化策略调整：在活动策划上要强化互动的元素，激发用户的互动积极性。

$$退货率 = 退换单数 ÷ 成交单数 × 100\%。$$

直播电商行业由于存在冲动消费的因素，退货率普遍为 30% ～ 50%。一般来说，要将非质量问题的退货率控制到 20% 以内。退货率直接影响商家的毛利率，退回商品太多，不利于商家的资金周转。直播电商供应链需要保证商品质量，一旦商品出现质量问题，口碑下降，很容易导致粉丝流失，销量下滑。

归纳与提升

直播电商运营数据分析是提升直播效果与业务成果的重要手段。通过深入分析直播流量、销售、渠道等多维度数据，运营者可以精准洞察用户需求和市场趋势，从而优化直播内容、调整销售策略、拓宽渠道布局，进而提升用户转化率，为直播业务的成功奠定坚实基础。

在直播运营数据分析的过程中，除了关注基本的流量和销售数据，还应深入挖掘其他维度的信息，以便全面地了解直播业务的运作情况。例如，用户互动数据能够反映直播内容的吸引力和观众的参与程度，这对于优化直播内容至关重要。通过分析用户的评论、弹幕和点赞等数据，运营者可以了解观众的喜好和兴趣点，进而调整直播内容和形式，提高用户的参与度和留存率。

此外，用户行为路径分析也是直播电商运营数据分析的重要组成部分。通过分析用户在直播间的浏览、点击和购买等行为路径，运营者可以了解用户在不同环节的需求和痛点，从而制定更加精准的销售策略。例如，针对用户在直播间浏览时间较长但未进行购买的情况，运营者可以通过推出优惠券、限时折扣等促销手段，提高用户的购买意愿和转化率。

在渠道分析方面，运营者需要关注不同渠道带来的流量和销售贡献。通过对比不同渠道的转化率和成本效益，运营者可以评估各个渠道的优劣，进而优化渠道布局和投放策略。同时，对于高潜力渠道，运营者可以加大投入力度，提升其在整体直播业务中的贡献度。

名词解释

流量来源分析；销售数据分析；数据复盘；数据诊断

复习思考题

一、单项选择题

1. 在直播电商流量数据分析中，（   ）直接反映了观众对直播内容的兴趣和购买意向。

    A. 流量来源   B. 转化率   C. 访问时长   D. 跳出率

2. 在直播电商销售数据分析中，（   ）可用于评估用户从浏览到购买的转化效果。

    A. 销售额   B. 销售数量   C. 转化率   D. 用户增长

3. 直播电商数据复盘中，对流量的来源和峰值进行分析属于（   ）。

    A. 短视频复盘   B. 流量复盘   C. 弹幕复盘   D. 转化复盘

4. 直播电商数据诊断中，（   ）直接反映选品策略是否正确。

    A. 退货率   B. 成交率   C. 观看人数   D. 互动率

二、多项选择题

1. 直播电商流量数据分析中，流量来源渠道可能包括（   ）。

    A. 社交媒体   B. 搜索引擎   C. 广告   D. 直播内容本身

2. 在直播电商数据复盘中，过程复盘主要关注（   ）方面。

    A. 直播过程录制   B. 团队成员配合情况

    C. 预案执行情况   D. 流量数据分析

3. 直播电商数据诊断中，流量诊断可能涉及（   ）方面的建议。

    A. 优化直播场景背景   B. 调整主播话术

    C. 增加对新用户的关注   D. 调整商品价格策略

三、判断题

1. 直播电商运营数据分析可以帮助商家更好地了解用户需求和购买行为，从而优化直播内容和营销策略。（   ）

2．在直播电商中，销售额越高，说明直播效果越好。（　　　）

3．在直播电商中，观众数量越多，说明直播效果越好。（　　　）

4．在直播电商中，转化率越高，说明直播效果越好。（　　　）

5．在直播电商中，通过数据分析可以准确预测未来的销售趋势。（　　　）

四、简答题

1．如何获取直播电商运营数据？

2．如何评估直播电商的运营效果？

3．如何分析竞争对手的直播电商运营策略并制定自己的竞争策略？

五、案例分析题

某直播电商平台是近年来国内非常受欢迎的电商平台之一，以直播形式销售各类商品。然而，最近平台发现其运营数据出现了一些问题，包括直播观看人数下降、用户留存率降低以及销售额增速放缓等。为了解决这些问题，平台决定对其运营数据进行深入分析，并制定相应的优化策略。

作为数据分析师，你需要完成以下任务。

（1）对平台的运营数据进行全面分析，包括但不限于直播观看人数、用户留存率、销售额、商品销售情况、用户行为路径等。

（2）识别并分析导致运营数据下滑的关键因素，以及可能存在的问题和瓶颈。

（3）基于数据分析结果，提出具体的优化策略和建议，以改善平台的运营状况，并预测实施这些策略后可能带来的效果。

收集并整理以下数据进行分析。

（1）直播观看人数和观看时长：分析不同时间段的观看人数和观看时长，找出高峰期和低谷期，以及可能的原因。

（2）用户留存率：分析新用户的留存情况，以及老用户的活跃度变化，了解用户流失的原因。

（3）销售额和销售量：对比不同商品类别、不同主播、不同时间段的销售额和销售量，找出销售额下滑的商品和主播，以及可能的原因。

（4）用户行为路径：分析用户在平台上的行为路径，包括浏览商品、加入购物车、下单、支付等环节，找出可能存在的问题和瓶颈。

场景实训

一、使用 AIGC 工具制定直播电商运营数据分析方案

1．明确使用目的

使用 DeepSeek 为企业畅播未来直播电商平台制定一套可参考的运营数据分析方案。

畅播未来是一个专注于多品类商品销售的直播电商平台，希望通过科学的数据分析，提升直播效果，实现销售目标的快速增长，并强化品牌形象。

2. 明确数据分析目的

此次直播电商运营数据分析方案的制定，旨在通过深入分析直播流量、销售、渠道等多维度数据，帮助商家精准洞察用户需求和市场趋势，从而优化直播内容、调整销售策略、拓宽渠道布局，提高用户转化率，提升销售业绩。

3. 确定要求

根据使用目的和数据分析目的，结合直播电商行业的特性和畅播未来的实际需求，提出以下具体要求。

企业背景：畅播未来，一个专注于多品类商品销售的直播电商平台，拥有广泛的商品线和稳定的用户基础。

数据分析目标：通过深入分析直播流量、销售、渠道等多维度数据，帮助商家精准洞察用户需求和市场趋势，优化直播运营策略。

具体要求：请使用 DeepSeek 工具为畅播未来量身定制一套直播电商运营数据分析方案，该方案需涵盖流量数据分析、销售数据分析、渠道数据分析、客户购买行为分析以及数据复盘与诊断等关键环节。

4. 发送要求并获取方案

打开 DeepSeek 页面，在文本框中输入上述要求，并按"Enter"键发送，如图 6-2 所示。

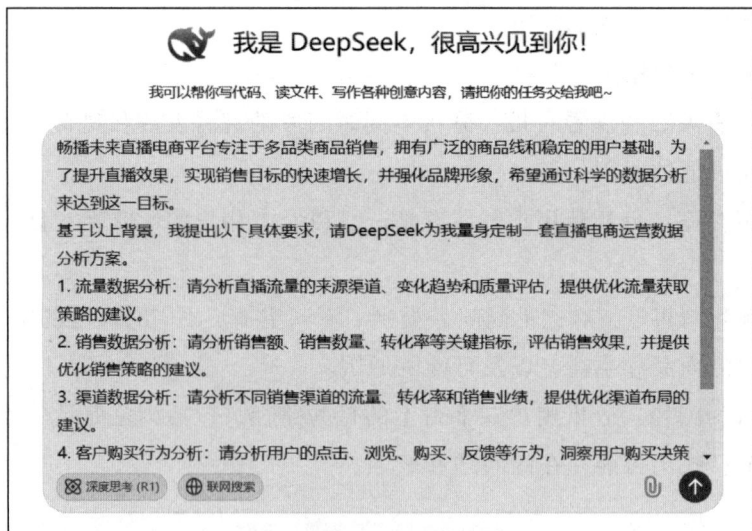

图 6-2　使用 AIGC 工具制定直播电商运营数据分析方案

二、分析某直播电商平台的运营数据

【实训目标】

1. 掌握直播电商运营数据分析的方法和技巧；

2．优化直播电商运营策略；

3．提高销售额和转化率。

【实训内容】

收集某直播电商平台的运营数据，包括直播间人数、购买转化率、销售额、商品类别销售情况等。

【实训要求】

1．确定实训目标和数据源，收集相关数据。

2．对数据进行清洗和整理，确保数据的准确性和完整性。

3．分析数据，包括趋势分析、对比分析和用户行为分析等，以了解市场趋势和用户需求。

第7章
直播电商的风险与防范

学习目标

➤ 理解直播电商风险的定义
➤ 了解直播电商风险的主要类别
➤ 了解直播电商风险的主要特征
➤ 掌握直播电商风险管理的流程
➤ 熟悉直播电商中不同主体的风险防范措施

引例

主播售假，平台依约管理获支持

原告运营某直播平台并推出某小店业务。被告通过注册为原告平台用户，与原告签订网络服务协议。其间，某主播使用被告账号带货。后原告收到用户投诉，称被告销售的商品系假冒伪劣商品。经原告核实，涉案商品商标授权文件确系伪造。原告认为，被告销售假货，违反网络服务协议约定，给原告造成商誉损失，请求法院判令被告赔偿经济损失。北京互联网法院经审理认为，被告作为账号的注册人，应对其账号行为负责，根据原被告双方约定，被告账号销售假货的行为构成违约，判决被告向原告赔偿经济损失15万元。一审宣判后，双方当事人均未上诉，判决已生效力。

本案明确了网络用户在直播平台销售假货，构成对平台方的违约，应承担相应违约责任，依法规制了新商业模式中的不诚信经营行为，从更高层面、更广范围保障了消费者合法权益，为数字经济背景下直播带货行业的健康发展提供了司法引导。

思考题

1. 在直播电商中，除了商品质量，还有哪些潜在风险？

2. 在直播电商中，可以采取哪些措施进行风险管理？

作为一种新的销售模式，直播电商为广大用户提供了新颖且便捷的购物体验，但直播电商行业也不乏乱象，"翻车"事件不时出现。商家要想避免或减少"翻车事件"，必须做好准备工作，即进行风险识别、评估、控制，从而助力直播电商更好发展。

7.1 直播电商风险概述

近年来，直播电商凭借即时性、互动性和趣味性等特点迎来了"井喷式"增长，为沉寂的消费市场注入了强大活力。相对于传统电商，直播电商具有直观性、实时性的优势，能让用户更直观地看到商品的各方面特性，商家也能快速响应用户需求。然而，直播售假、质量"翻车"、售后维权难等问题仍频频发生，反映了直播电商存在的某些风险。

扫一扫看微课

微课 7-1

7.1.1 直播电商风险的概念

现代经济学中一般将风险定义为"事件或经济结果的不确定性"或"发生危险、损失、损伤或其他不利结果的概率和程度"。假如某种行为具有不确定性，则该行为就存在风险。

直播电商风险是指在直播环境下，某种损失发生的可能性。由于直播电商具有群体效应和双向强互动的特点，因此直播电商的风险比以广播电视为代表的传统媒体更大。

7.1.2 直播电商风险的特征

"直播 + 电商"作为时下最热门的销售模式之一，满足了商家的推广、传播、销售需求和用户的购物、娱乐需求，受到广泛欢迎。但直播电商行业也蕴藏着一定的风险，直播电商中的风险呈现客观存在性、可预防性等特征。

1. 客观存在性

事物的风险是客观存在的，是不以人的意志为转移的。在直播活动中，由于内外部事物发展的不确定性是客观存在的，因而风险也必然是客观存在的。其风险存在于直播的整个过程中，包括直播前期的品类选择、产品议价，直播现场的嘉宾反应、产品推销，直播后期的团队分成、退换售后等。因此，面对环节复杂的直播电商，主播需要理顺流程，保持警惕。

2. 不可控性

在实施任何活动的过程中，都面临着各种各样的不可控因素，直播相比于微博、微信等，最大的不同在于实时沟通性。直播作为实时呈现的传播方式，主播的一言一行都被围观和放大，成为用户讨论的话题。而直播弹幕作为流式实时数据，具有较高的不可控性。有感染力的主播，其直播间的群体效应较强，用户容易冲动消费，导致高退货率，并且退货用户的负面消费体验会导致舆论风险。

3. 可预防性

所谓预防，是指通过适当的技术或行为措施来预测风险并且规避风险，或控制风险带来的不利影响的程度。商家可以根据过去的统计资料，利用定性或定量的方法来判断风险发生的概率以及造成不利影响的程度。但由于不可控因素的存在，这种预测结果可能会与实际结果存在一定的偏差。在直播电商中，商家可以通过查看实时的评论和弹幕来加强对风险的预防性管理，做好直播前的准备工作。

4．成本高

直播电商带货虽火，但部分商家流水高、利润少，究其原因是佣金成本、供应链磨合成本、退货成本高。根据电商生态圈的非典型金字塔生态，带货能力强的主播粉丝多，但粉丝多的主播带货能力未必强，高流量的头部主播为商家带来了佣金成本高、变现能力低的风险。在直播前期，电商会经历供应链磨合的阶段，可能面临选品失误、库存积压等问题，试错成本很高。

直播电商的另一个较高成本是退货成本，一般的直播退货率在 30%～50%，不同商品的退货情况不一样。高退货率导致了后期运营成本的提高，售后、物流、仓储、验货环节的成本都会上升，并且最终会演变为库存积压和商家品牌形象受损，对商家有着较大的不利影响。

5．用户黏性弱

网络直播受众面相对较窄，直播平台长期社交关系的构建需要进一步完善，维持用户黏性和引导消费的成本较高，转化率有待提高。有些直播平台存在形式单一、粗制滥造的现象，很难吸引用户，平台与用户很难形成稳定的社交关系。同时，直播电商行业会出现浏览量的低谷期。在"双 11"后，用户的购买力被大大透支，直播间的浏览量下滑，随之而来的就是用户流失。

6．同质化严重

从本质上来说，粉丝经济属于眼球经济、注意力经济，其特征是进入门槛低、同质化竞争激烈，而直播电商走向粉丝经济的过程也逐步进入同质化竞争。当下直播电商平台的内容主要是美妆、服装、饰品等，内容单一且同质化严重，重复推荐同类产品，使用相似推荐方式甚至话术，导致用户的审美疲劳和粉丝经济的生命周期缩短。如果没有足够好的内容，不能给用户提供有价值的信息，则很难在平台上留住用户，也就无法获得高转化率。电商直播平台内容单一化的主要原因包括电商平台内容单一、主播的专业程度不高、内容的审核机制不完善、品牌的引导和运营不佳等。

7.1.3　直播电商风险的类别

直播电商蓬勃发展的同时，也面临着一定的挑战。品牌商、直播电商平台、主播等在不同程度上面临法律、内容、商品、商业模式、供应链和售后风险。直播由于将现场情况直接呈现在用户面前，没有剪辑与后期加工，所以蕴藏着较大的风险。

一般而言，直播电商常见的风险有以下几类。

1．法律风险

直播电商行业存在侵权问题。直播中较常见的一类版权风险为侵犯音乐版权，很多主播在直播过程中会演唱或翻唱一些音乐作品，但一般不会标记音乐作品名称及作者的名字，这存在一定的侵权隐患，其带来的侵权风险容易被主播和直播平台所忽视。

直播中还存在隐私侵犯风险，隐私侵犯是指利用网络直播不合理地获取、公开他人姓名、肖像等个人信息，或者通过网络直播扰乱他人安宁。与一般隐私侵犯风险对比，直播中的隐私侵犯风险具有广泛传播性、对象的公开化和广泛性、责任追究的复杂性等特征。主播在公共领域或隐私场所进行直播，未经权利人许可，将权利人肖像、家居场景、生活细节等对外公开均属于侵犯他人隐私行为。

> ### 小贴士
>
> 《直播带货消费维权舆情分析报告（2023）》显示，消费维权舆情集中在产品质量、虚假宣传、不文明带货、价格误导等方面，其中因产品虚假宣传而维权的占 38.97%。此外，直播电商涉及的宣传问题还包括虚假广告和违法广告。
>
> 2023 年 11 月 22 日，中国消费者协会发布《2023 年"双 11"消费维权舆情分析报告》（以下简称《舆情报告》）。
>
> 2023 年，"双 11"步入第十五个年头。当下消费市场持续回暖，但在高涨的消费热情之后，消费维权声量也在高涨。《舆情报告》指出，在 10 月 20 日至 11 月 16 日共计 28 天的监测期内共收集到"消费维权"信息超过 5 675 万条，有关"直播带货"负面信息超 156 万条。
>
> "双 11"期间消费维权问题集中在直播带货乱象、商品质量问题、手机软件开屏广告不良体验、促销价格争议等方面。

2．内容风险

相较于传统线上的图文介绍，直播对用户有更强的冲击力，"好内容＋好商品"造就了"好直播"，但在打造"好内容"的同时也存在一些不合法现象，而且同质化直播内容的出现，致使直播平台产生内容风险。如果对推广信息不加以控制，导致广告泛滥、内容低俗，将会造成平台用户体验大打折扣。在内容为王的时代，一些低俗的内容或许在短时间内可以引来用户的关注，但是从长远发展来看，不仅存在着巨大的法律风险，也不利于直播电商的长期发展。据不完全统计，2019 年曾有上千款应用或服务因为内容安全问题而遭遇下架关停等整改，其业务发展遭受了巨大影响。

早在 2016 年，百度、新浪、搜狐等 20 余家直播平台就共同发布了《北京网络直播行业自律公约》，承诺网络直播间必须标识水印，内容存储时间不少于 15 天备查，所有主播必须实名认证，审核人员对平台上的直播内容进行 24 小时实时监管。另外，在直播现场，对用户发布的弹幕也需要进行严格管理，可以设置"房管"进行监督，这样既可有效防止大量弹幕影响用户体验，也可对弹幕内容进行审核，一旦发现有人利用弹幕肆意发布低俗内容等，审核人员有权直接禁止其发言。

3．商品风险

价格和质量一直都是影响消费者选择商品的两个重要因素。直播电商的实时互动性很容易激发羊群效应，刺激消费者消费，但也极易诱发直播电商中与商品相关的两大风险：商品价格风险和商品质量风险。

（1）商品价格风险。主播经常会强调商品原价与折扣价之间的差距。在直播中，原价一般指商品上市之日的原厂售价，即出厂标价。但这个价格很有可能虚高，从而显得折扣力度很大。

在直播电商实践中，不少主播存在虚构原价等问题，尤其是一些中小主播，由于其自身议价能力有限，很难拿到折扣力度很大的商品。

（2）商品质量风险。商品质量风险包括外在质量风险和内在质量风险。外在质量指商品的造型、色彩等，内在质量指商品的性能、使用的安全性等。选择优质商品是消费者购物的第一原则，而消费者选择直播购物的最主要原因是通过直播了解某一商品的详细信息和活动优惠信息。

但直播的实时互动、主播的"亲鉴好用"并不能保证商品的质量，涉嫌销售假冒伪劣商品是直播电商中最为常见的一个"翻车"原因。主播以"买一赠一""直接三折""亲鉴好用"等噱头兜售名牌商品，极大地刺激了消费者的购买欲望，然而质量却参差不齐，直播电商中销售"三无"商品的事件屡见不鲜，劣质商品和欺诈销售成为阻碍直播电商健康发展的典型问题。

小贴士

2020 年 5 月，广州市市场监督管理局提出将进一步加大工业产品质量安全监管力度，严禁通过直播活动销售不符合保障人体健康和人身安全的国家标准、行业标准的产品，严禁销售掺杂、掺假，以次充好等假冒伪劣产品。建议消费者在直播期间选购商品时认真查看商家资质，优先选择经营资质齐全、信誉好的电商平台和经营者，并做到理性消费。

课间案例

直播带货屡"翻车"，"质量"成消费者最大顾虑

2019 年 10 月 28 日，某主播的"不粘锅"翻车事件引爆社交网络。当该主播在直播售卖某款不粘锅时，其助理将鸡蛋打入不粘锅后，鸡蛋却始终粘在锅底，不粘锅彻底变"粘锅"。虽然事后锅具公司回应称"这位主播不会做饭，打鸡蛋的方式有误，锅没有问题"，但不少用户还是吐槽直播"翻车"。2019 年 10 月 30 日晚间，该主播又一次在直播过程中，推荐某品牌腮红，结果化妆效果很差，再一次"翻车"。宣称坚持严选的该主播连续两次"翻车"，让消费者对产品质量产生了质疑，也让该主播长期努力打造的"营销之王"人设出现了裂痕。

产品立得住，营销才有意义。但在报酬不菲的合同诱惑下，不少主播踏入了自己不熟悉的领域，在这种情况下，一旦他们选品不慎，碰到了"粘锅的不粘锅"，只会造成双输的局面，无异于自毁口碑。这两起直播带货"翻车"事件也给行业敲响了警钟。

4．商业模式风险

直播电商作为一种新的销售方式，直接将生产者和消费者连接，虽然减少了商品的流通环节和交易成本，但蕴含一定的商业风险。

（1）头部主播高额的佣金，间接提高了直播电商的交易成本，并且头部主播为了提高销量、维护粉丝关系会向品牌商要求产品的最低价，持续的最低价会造成产品价格体系混乱，难以长期形成品效合一的优势。而相较于头部主播，腰部主播和新晋主播的专业度、带货能力、影响力和曝光量却又有限。因此，如何利用好直播电商这个销售渠道，协同不同渠道之间的促销力度、定价方式，设计更加丰富的宣传方式是品牌方必须思考的问题。

（2）包括品牌方在内，都需要考虑主播的孵化、培养和管理。零经验、无团队的新人主播很难带来较高的流量，而主播的知名度和影响力一旦提高，可能会和平台机构博弈，如何维系平台机构与主播的关系是直播带货行业长远发展需要考虑的问题。

5．供应链风险

一般直播供应链包括：产品研发与生产、品牌定位与选品、交易与采购、仓储与物流管理、直播销售、售后服务。如果品牌方不能为消费者快速供应产品，会极大地降低消费者的满意度。因此，品牌方的快速响应对供应链的规模、生产能力、发货能力、物流速度等都提出了较高的要求。因此，在直播之前直播团队应先进行直播销量的预测，但如果把直播销量预测过高，产品积压，导致大量库存，会造成巨大的资金压力，产生供应链风险。

6．售后风险

在直播低价的诱惑下，消费者容易冲动购物，从而常因产品质量差、尺寸大小不合适

等因素退换货，造成售后问题。对于售后问题，品牌方和直播团队需要制定便捷的处理流程，以保证消费者获得更好的售后体验。特别是对于水果、海鲜等产品，难以监控产品质量，常常会出现直播样品质量好，而实际发货产品质量差的情况，损害品牌形象。

7.2 直播电商风险管理

危机促使风险管理思想产生。为了应对各种风险，人们开始重视各类活动的风险管理，从而尽可能地控制或减少损失。直播电商的热度不减，但隐藏在其中的风险问题不容忽视，需要以合理流程进行有效管理。

7.2.1 直播电商风险管理的内涵

直播电商风险管理是基于互利共赢的理念，对直播电商中的各个环节制定风险管理基本的流程，通过风险管理意识的强化，建立健全风险管理体系，进而为直播平台、电商平台、商家、消费者四大主体利益最大化提供切实保障。风险管理的相关机制的制定无法一蹴而就，各大平台需要在直播过程中不断完善相关机制。

7.2.2 直播电商风险管理的流程

借鉴较为成熟的企业风险管理流程，直播电商风险管理流程分为以下五个基本步骤，如图 7-1 所示。

图 7-1 直播电商风险管理流程

1. 制订风险管理计划

风险管理计划是风险管理说明书的组成部分，包括对直播电商的整体商业环境和项目本身的所有风险的记录，如版权风险、隐私风险、内容风险、产品风险和支付风险，重点是制定风险管理的目标。风险管理计划作为风险管理全过程的指导性文件，需要说明每个过程是如何展开风险研究和具体分工安排的。

2. 风险识别

风险识别是在问题发生之前识别引起风险的主要因素，同时对风险进行描述，解释风险事件是什么，风险会以怎样的形式发生，风险发生的原因以及可能导致的后果。风险识别常用风险分析调查表和事故树分析法进行。

风险分析调查表是风险管理人员及有关专家学者，基于对可能遭受的相关风险进行详细调查与分析后编制的调查表。

事故树分析（Fault Tree Analysis，FTA）法，又称故障树分析法，是对可能造成损失的事故进行研究，并探究其原因和结果的一种方法。通过使用事故树分析法，风险管理人员可以发现或识别造成直播事故的潜在风险因素，计算事故的发生概率，对事故造成的后果进行预测，并采取相应的防范及应急措施，以此来降低事故发生的概率及控制事故的危害。

3．风险评估

风险评估就是在风险识别工作结束后，运用适当的风险测量方法、工具来确定风险的大小与等级。风险评估的主要内容包括：①识别直播电商中面临的各种风险；②评估每种风险的概率和可能带来的负面影响；③确定组织承受风险的能力大小；④确定风险消减和控制的优先等级，即将风险数据精准转化为与直播电商风险紧密相关的决策支持信息，以确保决策过程的科学性和准确性。在转化风险数据为决策支持信息的过程中，我们需遵循严谨、稳重、理性和官方的原则，以确保信息的可靠性和有效性。

4．风险控制

风险控制需要以风险评估的结果为依据，选择保护消费者的方式，减少或消除风险所带来的损失，以达到企业可接受水平。对直播电商的风险控制，可以通过风险识别机制来对直播过程潜在的风险进行预警，通过扩大技术支持范围、合规的用户约束、重视版权问题、做好产品质量筛查等预防工作来规避可能存在的事故问题。

5．风险监控

基于系统控制论观点，监控实质上就是对风险分析效果进行反馈。直播电商中有些情况确实是无法预估的，各种风险也不可能是一成不变的。对此，电商平台和直播平台需要根据常规管理经验和实际出现的问题，逐步探索出一套成熟的平台治理和消费者保护体系。

直播电商中的风险是客观存在的。在"双 11"等重要活动开展之前，直播电商的各主体必须做好风险管理计划的制订、风险识别以及舆情风险评估工作，实时加强对各类突发情况的监测和预警，及时发现问题，以保证直播的正常秩序，维护消费者的合法权益。

一旦出现风险，纠错机制是不可或缺的，无论是品牌方、直播平台，还是主播个人，都要正视问题，积极纠正并致歉，表现出对问题负责到底的态度。另外，市场监管等部门主体，需要积极履行监管职责，同时加强部门协作与配合，共同规范和管理，促进直播电商新业态更好、更快地发展。

7.3　直播电商的风险防范措施

扫一扫看微课

微课 7-2

在"万物皆可直播"的时代，直播电商逐渐成为人们的一种习惯的购物方式。但是，信息不对称、法律法规不完善等问题使得直播带货存在一定的风险，未来直播电商的持续健康发展离不开消费者、主播、直播平台和商家等主体的共同努力。

7.3.1　消费者的风险防范措施

在直播电商中，虽然直播商品经过层层筛选和严格把关，但是如果不对商品生产环节和售后环节进行严格把关，则很难确保主播推荐的商品和消费者收到的商品一致。一旦消费者收货后发现商品质量有问题，维权便成为消费者面临的首要问题。

在购物网站独立第三方评价体系的制衡下，多数消费者在与商家协商后会得到比较好的结果。为了防范商品质量风险，消费者可以遵循购前预防、理性购买和购后积极维权的原则，尽量将损失降到最低。风险防范措施具体如下。

1．售前及时保留相关证据

消费者在观看直播时，应及时保存相关证据，如可采用截屏、录像等方式保存带货主播的承诺，包括商品价格折扣、弹幕留言等，一旦产生纠纷，便于后续取证。

2．理性消费

很多消费者在购物时以"逛＋搜"的方式寻找和锁定目标，一部分消费者是无明确购物目标的，较少的消费者是有明确购物目标的。其中目标不明确的消费者在购物时容易受外部刺激而冲动消费。直播电商通过"低折扣"，加上主播富有诱惑力的语言，促使消费者极易产生购买冲动。对此，消费者在观看直播前，有必要拟定明确的消费目标，全方位了解商品价格、质量等，做到理性消费。

3．积极维权

消费者在收到商品尤其是贵重商品后，应该及时查验商品并用恰当的方式保留拆封包装，若发现商品有质量问题，可及时与商家进行协商，同时让平台介入处理。未协商一致的，可以结合自身具体情况，拿起法律武器，积极维权。具体维权方式有：①以直播带货的商品存在缺陷或者瑕疵为由，依据《中华人民共和国产品质量法》《中华人民共和国食品安全法》中的有关规定，主张侵权损害赔偿或者违约赔偿；②以商家存在欺诈行为为由，依据《中华人民共和国消费者权益保护法》中的有关规定，寻求惩罚性赔偿；③以发布虚假广告为由，依据《中华人民共和国广告法》中的有关规定，向厂家或者商家、主播及平台索赔。

7.3.2　主播的风险防范措施

直播的实时性给直播带来的风险很大，尽管在直播中出现的有些问题无法预测，但部分问题还是可以通过事前准备来有效防范的。

1．提前策划演练

凡事预则立，不预则废。直播应该是一场有准备的销售活动。主播在直播前需要进行活动筹划和准备，并对直播各环节进行反复推演和模拟，防止直播时出现一些低级问题，如产品名称、品牌方、价格等标错，否则会引发用户的不满。

2．测试软硬件

直播需要有稳定的系统和优秀的技术支持，影响直播销量的不仅有产品本身，还有整个直播过程的流畅度。为了达到最佳的直播效果，直播团队需要在直播前对所有相关软硬件进行反复排查与测试：一方面，需要熟悉直播软硬件的使用与配合方法；另一方面，需要对网站、服务器进行反复测试，避免出现流量太大导致服务器瘫痪的情况。

小贴士

可能有很多人认为直播只需要一台手机，然而事实并非如此。在综艺节目《向往的生活》中，某知名主播就将直播间搬到了蘑菇屋。直播间设备包括专门用来看评论的台式计算机、路由器、声卡、话筒等。所以，相关人员在直播之前必须对这些硬件进行有效设置与测试，以保障直播过程的顺利进行。

3．严格选择与审核产品

直播行业的关注点已从"流量"转到"留量"，围绕着"留量""商业变现效率"的竞争也已经开始。主播即使再有号召力，消费者最关心的还是产品质量，只有真正高性价比的产品才能提高变现效率。2020年中国广告协会发布《网络直播营销行为规范》，要求网络直播营销活动全面、真实、准确地披露产品和服务信息，严把直播产品和服务质量关。这就要求主播及其团队具备较强的产品鉴别能力，在选品时严把产品品质关，了解产品的生产方式和供应链，亲测并向粉丝真实反馈。

课间案例

羊毛衫"翻车"！直播间因售假致歉

2020年12月15日，微信公众号"罗××"发布的《关于11月28日其直播间所销售"皮尔卡丹"品牌羊毛衫为假货的声明》称，11月28日，"×××直播间"销售了皮尔卡丹品牌羊毛衫，其后有消费者反馈怀疑收到的衣服不是纯羊毛衫，是假货。对此，"×××直播间"从多名实际消费者（含几位公司内部员工）手中回收了五件，分别送到两家专业机构检测，12月15日下午得到一家的检测结果是，该送检产品为非羊毛制品。

声明称，该羊毛衫的供货，来自渠道贸易商——成都××有限公司，在与对方达成合作前，按照正规流程签署了完备的法律协议及合同，也检查了各种证书。声明表示，成都××有限公司的供货方为上海××有限公司和桐乡××有限公司，涉嫌伪造文书，涉嫌伪造假冒伪劣商品，涉嫌蓄意欺诈。

对于赔付方案，声明称，"×××直播间"即刻起马上联系所有购买该产品的消费者，代为进行三倍赔付。

7.3.3 其他主体的风险防范措施

目前，网络直播市场处于快速扩张中，同时存在诸多不规范行为。对此，本小节针对直播带货的模式提供了风险防范措施，为直播平台和商家弥补当下的管理漏洞提供建议。

1. 直播平台的风险防范措施

在行业政策的规范下，直播平台除了提供直播工具和服务，还有责任规范平台的发展，从而打造健康商业生态。现有的一些法律法规，如《中华人民共和国广告法》《中华人民共和国消费者权益保护法》《互联网直播服务管理规定》《第三方电子商务交易平台服务规范》等都对直播平台的权利与责任有明确的规定。

（1）打击品牌方与主播的虚假广告，加强对带货主播的监管，完善广告审核规则，对一些违法广告或推广信息及时制止。

（2）严控品牌方资质审查，提高平台入驻门槛，加强对商家或主播的培训与素质管理，培养专业主播，同时引入信用评价体系，进行监控管理。

（3）提高技术水平和支付工具的安全性，促进电商平台与人工智能技术深度融合，利用语音识别技术实现主播讲解产品的同时，自动弹出产品的购物链接，优化用户体验，提高购物转化率。

（4）强化交易安全管理，严厉打击各类诱导交易、虚假交易、规避安全监管的私下交易行为。

（5）构建商家和消费者的意见沟通渠道，完善纠纷解决办法与机制，及时回应并妥善处理消费者的相关诉求。

因此，对直播平台而言，为了加强风险管理，必须严格履行法律法规规定的义务。

2. 商家的风险防范措施

商家在网络平台上以直播形式向用户销售商品或提供服务，需要做到以下几点。

（1）保证商品质量，完善售后服务体系。商家要聚焦售后商品的质量追踪、退换货、商品满意度评价，制定流程优化与制度优化的商品质量控制措施，预判可能产生的售后问题，提供完善的售后服务。

（2）关注直播的销售情况，避免因库存不足而出现违约交货的情况。

（3）销售的商品或者提供的服务应当符合保障人身、财产安全的要求和环境保护的要求，不得销售或者提供法律、行政法规禁止交易的商品或者服务。

（4）全面、真实、准确、及时地披露商品或者服务信息，保障消费者的知情权和选择权，不得以虚构交易、编造用户评价等方式进行虚假或者引人误解的商业宣传，不得欺骗、误导消费者。

归纳与提升

本章首先从整体上论述了直播电商风险的概念、特征和类别。直播电商风险贯穿直播电商活动的全过程，是指在某一特定环境下和某一特定时间段内，某种损失发生的可能性。直播电商的风险具有客观存在性、可预防性等特征。常见的直播电商风险有法律风险、内容风险、商品风险、商业模式风险、供应链风险和售后风险。

直播电商的风险管理立足于互利共赢理念，对直播电商中的各个环节制定风险管理的基本流程，以强化风险管理意识，建立健全风险管理体系。在直播电商的风险管理中，也可以尝试借鉴较为成熟的企业风险管理流程，遵循制订风险管理计划、风险识别、风险评估、风险控制和风险监控五个步骤来对直播电商进行有效的风险管理。

此外，随着 5G 基础设施的快速布局，商品信息动态化展示的趋势愈发明显，越来越多的内容平台及电商平台参与到直播电商市场。为了保障直播电商行业更好更快发展，无论是消费者、主播、直播平台还是商家都应该落实相应的风险防范措施，强化风险管理意识。

名词解释

直播电商风险；商品质量风险；事故树分析法

复习思考题

一、单项选择题

1. 直播中存在引人误解的商业宣传行为，触犯了（　　　）。
   A.《中华人民共和国网络安全法》　　C.《中华人民共和国广告法》
   B.《中华人民共和国电子商务法》　　D.《中华人民共和国反不正当竞争法》

2. 直播电商风险管理的首要步骤是（　　　）。
   A．风险评估　　　B．风险控制　　　C．风险监控　　　D．制订风险管理计划

3. 直播电商中，主播为了防范风险，在直播前应进行（　　　）。
   A．直播销售　　　B．售后服务　　　C．提前策划演练　　D．用户反馈收集

4. 直播平台为了加强风险管理，应采取（　　　）措施。
   A．降低入驻门槛　　B．忽视用户反馈　　C．打击虚假广告　　D．减少技术支持

二、判断题

1. 《中华人民共和国反不正当竞争法》与直播无关。（　　　）

2. 直播电商风险管理流程中，风险识别是首要步骤。（　　　）

3. 主播在直播前无须进行提前策划演练，因为直播是实时性的。（　　　）

4．直播平台降低入驻门槛有助于加强风险管理。（　　）

三、简答题

1．简述直播电商风险管理的内涵。

2．直播平台为了加强风险管理，可以采取哪些具体措施？

3．直播电商风险有哪些特征？

4．主播的风险防范措施有哪些？

5．在直播间购买产品的消费者可以采取哪些有效措施保障自己的权益？

四、案例分析题

2022年1月30日，某市某区市场监督管理局接到举报，称在第三方平台A的直播间内，B公司的工作人员在直播间销售某特殊用途化妆品"三宝冻干粉"时，通过展示板宣称该产品"含有左旋维生素C、依克多因、辅酶Q10等成分，以上成分具有延缓肌肤衰老等功效"；在截取视频的第40秒处，宣传"11万单好评率100%"；视频第01分02秒处，宣传"三宝"所有的产品好评率都是100%。主播使用的展示板、直播宣传话术均由B公司提供。B公司无法提供"三宝冻干粉"产品具有与左旋维生素C、依克多因、辅酶Q10等主要成分同样功效的证明材料。B公司后台数据显示，产品"三宝多效眼霜"的好评率为99%，未达到好评率100%。A平台也曾接到消费者关于B公司在直播带货时虚假宣传的投诉。接到投诉后，A平台调取了B公司的直播视频，发现举报属实，曾对B公司进行劝告，告知其如果继续进行虚假宣传，将终止其网络交易服务。但B公司并未改正，仍在直播带货时进行上述虚假宣传。请分析A平台、B公司是否违法？应承担哪些法律责任？

场景实训

一、使用AIGC工具制定直播电商风险管理与防范方案

1．明确使用目的

使用DeepSeek为乐播天下直播电商平台制定一套可参考的风险管理与防范方案。乐播天下是一个专注于多品类商品销售的直播电商平台，希望通过科学的风险管理，有效防范直播电商活动中可能出现的各种风险，提升直播效果，保障消费者权益，实现销售目标的稳定增长。

2．明确风险管理与防范目的

此次直播电商风险管理与防范方案的制定，旨在通过深入分析直播电商可能面临的各种风险，提出针对性的防范措施，确保直播电商活动的顺利进行，保障消费者权益，维护直播电商行业的良好秩序。

3．确定要求

根据使用目的和风险管理与防范目的，结合直播电商行业的特性和乐播天下的实际需

求，提出以下具体要求。

企业背景：乐播天下，一个专注于多品类商品销售的直播电商平台，拥有广泛的商品线和稳定的用户基础。

风险管理与防范目标：通过科学的风险管理，有效防范直播电商活动中可能出现的各种风险，提升直播效果，保障消费者权益，实现销售目标的稳定增长。

具体要求：请使用 DeepSeek 工具为乐播天下量身定制一套直播电商风险管理与防范方案，该方案需涵盖风险识别与分析、风险评估、风险控制措施、风险监控与应对以及不同主体的风险防范措施等关键环节。

4．发送要求并获取方案

打开 DeepSeek 页面，在文本框中输入上述要求，并按"Enter"键发送，如图 7-2 所示。

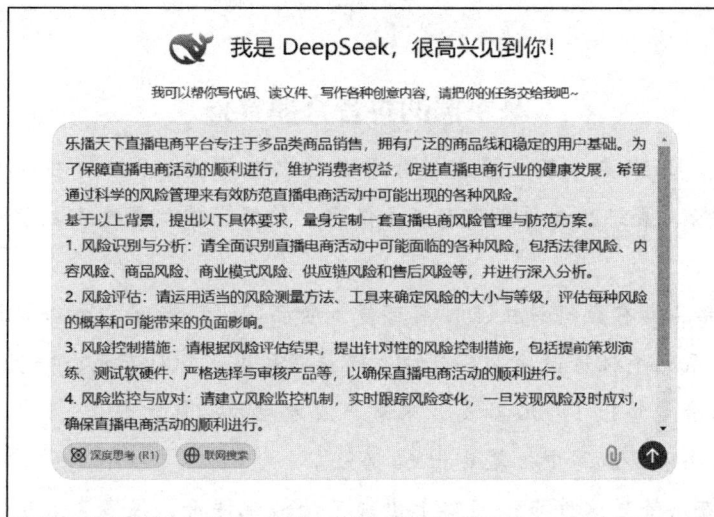

图 7-2　使用 AIGC 工具制定直播电商风险管理与防范方案

二、进行一场校园直播电商活动的策划

【实训目标】

1．了解直播电商风险管理的流程；

2．了解直播电商可能存在的风险；

3．掌握直播电商风险防范的措施。

【实训内容】

从抖音、快手、淘宝等中任选一个直播平台进行一场校园直播电商活动的策划。

【实训要求】

1．结合直播电商的风险类别与风险管理的流程，分析在直播电商的各阶段可能出现的风险；

2．针对可能出现的风险提出相应的防范措施。

第8章
直播电商平台案例分析

学习目标

➤ 了解主流直播电商平台和融媒体下的直播电商平台

➤ 掌握主流直播电商平台和融媒体下的直播电商平台的特点

➤ 了解主流直播电商平台和融媒体下的直播电商平台的实际运营情况

引例

某主播的抖音直播首秀

2023年8月1日19点，某主播在抖音平台首次进行直播卖货。在4小时的直播中，20款产品轮番出场，最终交易总额突破1.4亿元，整场直播观看总人数超过5 800万、总销售件数逾98万。

本次直播产品品类有数码科技、日用百货、食品等。抖音官方公布的数据显示，本次直播中，小米10系列手机售出4 500多台，销售额超过1 500万元；联想电源售出6.6万多个；搜狗AI录音笔售出1 700多支；米家声波电动牙刷售出超12万支；信良记小龙虾售出超16万份；小米巨能写中性笔售出60万支。

对于该主播直播带货这件事，网络上出现了两极化评价，很多人表达了希望该主播此次能够成功的愿望，并且以实际行动下单予以支持，也有很多人通过微博、微信等社交媒体对此进行批评，认为他并不适合带货。

实际上，该主播的直播首秀与其说是一场成功的直播卖货，不如说是一次成功的营销事件。

在直播前，无论是直播团队，还是几十家合作伙伴，或者是抖音平台，都进行了大量前期宣传。而在直播过程中，抖音也给予了大量的流量资源支持，甚至让很多人打开抖音后第一眼看到该主播直播间。

思考题

1. 该主播在抖音直播首秀能够取得如此高的直播业绩的原因有哪些？

2. 直播电商可以采取哪些运营策略让直播效果更好？

随着短视频和直播带货的不断发展，二者在电商领域的重要性将进一步增强。未来，短视频和直播带货可能提供更个性化、精准的推荐，同时，短视频和直播带货也可能惠及更多的行业和领域。

下面将从主流直播电商和融媒体下的直播电商两个方面介绍多个案例，以期让读者通过案例了解两种不同平台的运营特点。

8.1 主流直播电商平台案例

直播电商是一种结合了互联网技术和传统电商模式的新兴商业模式。通过网络直播平台，消费者可以在直播间与主播进行实时互动交流，获取商品信息和购物建议，同时还可以直接下单购买。近年来，随着直播技术的不断成熟和消费需求的增长，直播电商行业呈现蓬勃发展的趋势。本节将基于抖音、天猫、小红书直播电商的案例，介绍实战技巧。

8.1.1 基于抖音直播电商平台的案例——以小米为例

1. 科技与直播高度结合——小米直播"进化史"

（1）小米介绍。

小米科技有限责任公司（以下简称"小米"）成立于 2010 年 3 月，是一家以手机、智能硬件和物联网平台为核心的互联网公司，提供智能手机、智能电视、笔记本等丰富的产品与服务，致力于让每个人都能享受科技带来的美好生活。

（2）小米直播电商发展。

小米作为一家以科技创新著称的公司，在抖音直播中同样注重科技元素的运用。在众多借助抖音做营销的品牌里，小米一直是走在前列的。

早在 2017 年，小米就入驻了抖音，算得上是第一批开通企业号的品牌商家。2019 年年初，小米在抖音进行新品发布会的直播。与此同时，小米也宣布和抖音深度合作，以"抖音快闪店"形式宣传新品。

2019 年下半年，雷军开通抖音个人账号，加上此前"小米公司""小米手机"等账号，小米在抖音平台的社交账号矩阵布局基本完成。2023 年年底，小米账号粉丝量已达到 340万，雷军个人账号粉丝量已达到 2 200 万。

2. 小米直播电商策略

（1）突出科技优势和创新实力：小米作为一家科技公司，具备强大的科技实力和创新能力。在直播中，小米注重突出自己的科技优势和创新实力，通过展示各种先进的科技产品，凸显品牌的差异化特点，满足消费者对科技产品的需求。例如，小米在直播中展示了自家的 AI 技术、物联网解决方案等，凸显了品牌的创新性和技术先进性。

（2）优质的直播内容与互动环节：小米在抖音直播中注重优质内容的输出和与观众的互动，及时回应观众的疑问和需求。直播内容包括产品的详细介绍、使用演示、售后服务等，让消费者对产品有更全面的了解。同时，小米还通过抽奖、提问等方式与观众进行互动，增强了观众的参与感和黏性。

（3）维护品牌形象：在抖音直播中，小米注重维护品牌形象，通过提供优质的售后服务、积极回应观众的疑问和需求等方式，提高了品牌的美誉度。

（4）注重用户分析：小米抖音直播的受众主要是年轻消费者，其中以男性消费者居多。这部分用户群体对科技产品有着较高的需求和关注度，同时也注重品质和性价比。小米通过在抖音直播中展示各种创新科技产品，并加强与用户的互动，有效吸引了这部分用户购买产品。

3．总结

（1）科技品牌的优势，为小米在抖音直播提供了有利条件。

（2）小米通过展示创新科技产品和加强与用户的互动，赢得了消费者的认可和信任。

（3）小米应继续关注行业发展趋势并不断探索和创新直播电商形式以保持品牌的竞争优势。

小贴士

直播是面向大众的，这就表示主播的状态和仪容仪表会展示给大众。主播面对来自各行各业的人，其仪容仪表应该尽可能端庄得体、自然大方。女性主播注意淡妆着面，男性主播注意面容整洁。在直播开场前主播需要对自己的仪容仪表再次进行检查，保证上镜得体。

8.1.2 基于天猫直播电商平台的案例——以波司登为例

1．打造直播专供货品池——波司登直播"进化史"

（1）波司登介绍。

波司登创立于1976年，专注于羽绒服研发、设计、制作，波司登在羽绒、面料、工艺、版型等方面不断创新，羽绒服品质和保暖性广受国内外好评。20世纪90年代，波司登凭借过硬的产品实力一举成为头部品牌。

（2）波司登直播电商发展。

2017年，波司登重新定位为"全球热销的羽绒服专家"，聚焦羽绒服主航道。同时，波司登开始对Z世代消费需求深度探索，邀请艺人代言，很快在年轻人中成功"出圈"。

Z世代是伴随互联网成长起来的一代人，早已将线上购物作为一种生活方式。2018年，波司登正式踏入直播电商领域，刚刚起步时，天猫店铺直播间的数据并不乐观，经过多次尝试，波司登转变了定位，将直播间首先视作"传递品牌，传递产品，传递服务"的阵地，然后才将其作为提高转化率的阵地。在稳定开播下，品牌很快迎来了数据的转折点。到了2021 年，品牌直播间稳居年货节服饰类目榜单第一名。

2023 年波司登官方旗舰店粉丝数已超 2 000 万，波司登通过流量运营、活动运营、用户人群精准运营、货品运营以及直播间场景内容升级，为用户提供专业优质的直播购物体验。

2．波司登直播电商策略

（1）制定全域直播模式。

根据产品上新节奏，先在全域进行内容"种草"，再分渠道、分产品把流量引至天猫官铺；同时，通过新品人群画像分析精准确定该产品的核心人群及其状态，制定合理的人群分类包，再根据日销和大促经营的不同阶段，匹配相应的渠道做精准高效触达，持续跟踪流转效率，做到人货场的精准匹配，从而提升货品转化效率。

（2）对用户精准差异化营销。

在用户营销方面，注重用户体验，购前对用户进行权益的分层级运营及触达，购中缩短购物链路，购后定期调研回访，进行全链路优化。波司登也借助阿里妈妈的用户数字化运营产品和用户全生命周期运营体系，依托阿里妈妈人群资产管理平台达摩盘等，对用户进行精准分层、差异化运营，提升其对品牌的忠诚度和用户黏性。

（3）内容化活动运营。

基于品牌系列新品及销售品层级，结合直播间粉丝分层，策划具有场景特色、内容特色的主题直播活动，在直播过程中加大货品权益与粉丝下单权益的投入。权益包含但不限于：红包、满赠、满减、下单抽奖送高价值奖品等。主题包含但不限于：总裁直播、设计师直播、达人直播、艺人直播、大促主题活动直播等。

（4）货品分层运营。

波司登针对直播间上架货品进行独立选品，聚焦销量前十名至前三十名的货品。除爆品之外，还选取直播间主推品。通过流量导入、主播核心推荐、权益倾斜等方式打造直播间爆款。同时依据互联网热点变化进行主推品的调整。对直播间的品类结构（男女）和系列结构（时尚系列、运动系列）以周为单位进行优化。

3．总结

（1）波司登突破传统品类定位，借助数智化能力进行全域营销，以爆品带动新客转化。

（2）波司登把握用户换新需求偏好，以爆品＋新品的多场景化营销，提升直播效果。

（3）全面优化直播间运营结构，精细化运营为店铺整体运营提效。

8.1.3 基于小红书直播电商平台的案例——以董某小红书直播为例

1. 以"慢"突围——董某"种草"式直播

小红书作为一个强"种草"社区，其直播逻辑和抖音直播的逻辑完全不一样。抖音是促销场，靠价格优势和买卖氛围引导成交；小红书则是以艺人和 KOL 为主的买手式直播平台，提供在某个场景之下的整体解决方案。

在董某的直播间，没有"3、2、1，上链接"，没有"套路"，更没有"家人们"。在卖货时，董某说："先看看，再忍忍，不一定马上买，兴许再看几次，真正了解了，喜欢了，就买。"

下播时，董某说："今晚的夜色很美，风也很温柔。"在她的直播间中，大家几乎感受不到催单话术。

董某直播放弃低价，专注于产品品质和品牌风格。

董某自 2021 年 1 月进行两场直播之后，涨粉将近 50 万个，2024 年 GMV 已高达 3 000 万元，直播间观看人次超过 220 万。

从董某的小红书笔记中可以看到素颜、短发、简单穿搭、爱美食的她，真实又接地气，拉近了与用户之间的距离。

2. 董某直播电商策略

（1）直播间"种草"。

人：董某在小红书发了两年的"董生活系列"笔记，吸引了很多用户关注。

货：她按照小红书的用户偏好选品，更看重品质，而不是低价。

场景：董某的直播间简约又温馨，直播间搭配有沙发、家居灯、背景画、镜子、地毯、抱枕、植物、摆件等。

氛围：董某的直播间给人一种清新的感觉，她温文尔雅、谈吐优雅，区别于其他主播。

产品：很多直播间有引流产品，但是董某直播间没有，她不会销售只用于引流的产品。

语速：董某讲话速度慢，符合人设风格，令人印象深刻。

（2）用户价值。

选品严谨：董某选的品是符合绝大部分用户审美的产品，并且在选品时就已经确定了消费人群。

直播氛围：她的讲解温声细语，认真耐心，让用户感到放松舒服。

直播方式：没有高级话术，没有叫卖，她认真介绍产品，告诉消费者觉得适合就买，不适合也可以看看。人均观看时长六分钟，说明小红书用户喜欢董某的这种带货方式。

品牌成长：小红书为品牌，特别是中小品牌，提供了一条品牌资产积累的新路径。

3. 总结

（1）对于小红书用户来说，董某的直播方式区别于其他平台直播方式，给自己的体验感更佳，所以，用户购买意愿强、主动分享意识强。

（2）对于小红书商家来说，"岁月静好"式直播成为小红书直播卖货的新玩法，给想要进入直播市场的商家带来新的机遇。差异化直播将成为新的流量密码。

（3）对于小红书平台来说，在直播板块又有新的突破，吸引商家选择董某的这种带货方式，开启直播新浪潮。

（4）小红书本身为生活分享类平台，有很大一部分用户将分享好物和探索推荐好物作为平台的第一属性。因此平台上有相当一部分产品是基于良好的口碑而传播开来的。

8.2　融媒体下的直播电商平台案例

现在是一个媒体融合的时代，媒体融合打破了传统媒体界限，提供了更多元化、个性化、定制化的媒体产品，形成了更加复杂的媒介生态系统。

融媒体下的直播电商是指依托融媒体平台，通过直播方式进行商品销售和推广的一种新型电子商务模式。在融媒体背景下，直播电商能够将流量变现，实现商品销售和品牌推广的目标。

8.2.1　电商直播 + 整合营销——以美的空调电商直播为例

美的空调作为国内知名的空调品牌，为了提高品牌知名度和销售额，决定尝试电商直播销售模式，并配合整合营销策略，吸引更多的消费者。

1．美的电商介绍

美的集团电子商务有限公司（以下简称"美的电商"）成立于 2014 年 3 月，是美的集团 100% 控股子公司，为美的集团各事业部提供线上电子商务服务工具、开辟平台并制定规则，美的电商各事业部对自身产品进行品类运营、销售跟进和问题改善，对全集团所有线上电子商务业务进行系统整合。

美的电商全网零售额约 100 亿元，在家电行业排名领先，洗衣机、中央空调、热水器、冰箱等产品线上销售量增长超过 200%。

2．美的空调电商直播运营策略

（1）聚焦产品。

在直播中，美的空调向用户展示了产品的特点、使用方法、售后服务等内容，并通过实时互动解答用户的问题，拉近了品牌与用户之间的距离，增强了用户对品牌的信任。同时，美的空调还通过促销活动、满减活动等，增强了用户的购买意愿。

（2）专业团队。

在直播中，美的空调的直播团队由专业的产品工程师和销售顾问组成，他们基于对产品的深入了解，运用专业的销售技巧，成功地吸引了大量用户的关注。此外，美的空调还邀请了一些艺人和 KOL 参与直播，提高品牌曝光度和影响力。

（3）整合营销。

首先，在社交媒体平台上发布直播预告；其次，通过电视广告、户外广告等进行宣传。最后，美的空调还通过与实体店合作，在直播前后，以电子邮件营销、短信营销等方式，向老用户和潜在用户推送促销信息和活动通知。

（4）用户画像。

美的空调的目标受众主要是家庭用户。通过在社交媒体平台和电商直播中与用户互动，美的空调能够更好地了解用户需求和反馈，提供更贴心的服务和产品。

（5）直播矩阵。

美的空调携手"数智体验官"打造了直播矩阵。多名艺人作为直播嘉宾轮番上阵，吸引各类年轻群体，不断扩大艺人阵容与直播福利，"圈粉"无数。

3．总结

通过以上对美的空调电商直播销售的案例分析，可以得出以下结论：首先，电商直播销售能够提高品牌知名度和销售额；其次，整合营销策略能够更好地满足消费者的需求和期望；最后，企业需要紧跟行业趋势并不断探索和创新营销方式，以保持竞争优势。其他企业可以借鉴美的空调的经验，尝试通过直播提高品牌知名度和销售额，并结合整合营销策略拉近品牌与消费者之间的距离，增强用户对品牌的信任，同时也要注意了解行业趋势和消费者需求的变化，不断优化和创新营销策略以保持竞争优势。

8.2.2 电商直播＋传统媒体——以 TVB 入场直播电商为例

TVB（Television Broadcasts Limited，电视广播有限公司）打造沉浸式直播，带货成绩亮眼，2023 年 TVB"港姐专场"直播带货销售额再创新高。

1．TVB 电商

2021 年，TVB 收购了 Ztore Investment Limited（士多），士多在香港运营两个电子商贸平台——士多及邻住买，为 TVB 积累了一定的供应链业务经验。在与淘宝合作前，TVB 也在其他平台尝试过电商直播。2022 年，TVB 在抖音开通了组成"TVB 识货"矩阵的三个账号，直播间的产品以美妆个护、食品、服饰为主。

2．TVB 电商直播运营策略

（1）港剧经典。

自带情怀流量、首创港剧式直播，主打的是"港剧情怀腔调"，带货期间会将经典场景和角色代入直播。例如，陈豪与陈敏之手持一款"溏心风鲍"，现场开食。

（2）名人效应。

TVB2022 年入驻抖音，前期由非艺人主播每天长时间直播，2023 年其旗下艺人携《溏心风暴》《冲上云霄》《爱·回家》等港剧在直播间与观众见面，形成了经典 IP 和 TVB 知名演员的叠加效应。

（3）直播矩阵。

TVB 已在抖音注册三个直播账号，它们分别为"TVB 识货（港式甄选）""TVB 识货（香港严选）""TVB 识货（美味甄选）"。

（4）长期积累。

抖音三大账号分别针对大牌美妆产品以及食品这几大热门品类进行直播带货。直播的思路是由非艺人主播每天长时间直播，艺人借短视频造势。经过近一年的运营，2024 年 5 月这三大账号的粉丝数共计 225.1 万左右。粉丝最少的"TVB 识货（港式甄选）"2024 年 5 月粉丝量为 135.3 万，如图 8-1 所示。

（5）双方联手。

颇具影响力的 TVB 宣布通过旗下上海翡翠东方传播有限公司与淘宝达成合作意向，这一事件被称为"开创 TVB 电商直播的重大里程碑"。

图 8-1 "TVB 识货（港式甄选）"主页

（6）产品策略。

丰富多样的产品线：TVB 的电商直播涵盖了家居日常用品等丰富多样的产品类别。这满足了不同消费者的需求，提高了销售额。

整合全球跨境商品：TVB 利用其全球资源，整合世界各地的优质产品进行直播带货。这不仅丰富了产品线，还为消费者提供了更多选择。

打造特色产品与服务：TVB 计划引入奢侈品和新产品，如珠宝以及电子餐饮券等，以进一步开拓市场并满足消费者的多样化需求。

以内容为核心的产品推广：TVB 注重将内容与产品销售相结合，通过打造吸引人的娱乐内容来推广产品。这种策略有助于提高观众的购买意愿和转化率。

3．总结

通过以上对 TVB 电商直播销售的案例分析，可以得出以下结论：TVB 不是靠产品数量取胜，而是通过专业选品、供应链的管理，再加上平台之间的互动，形成独特的电商运营模式。TVB 电商直播与 TVB 经典影视 IP 联动，能够促进 TVB 的多元化发展，丰富业务形态，创造更多可能。TVB 与淘宝平台合作，可以充分发挥 TVB 资源优势；同时，借电商直播热潮，为消费者提供更丰富的内容场景，进一步推广 TVB 的优质内容。

8.2.3 电商直播＋新技术——以 AI 直播电商为例

某电商平台上的一家知名服装品牌决定尝试 AI 直播电商模式。他们与一家 AI 技术公司合作，开发了虚拟主播，结合大数据分析，为消费者提供了全新的购物体验。

1. AI 直播电商运营策略

（1）智能选品与搭配。

根据用户的购买历史、浏览记录和时尚偏好，AI 算法为直播挑选了最受用户欢迎的服装款式，并根据不同用户的喜好进行了个性化搭配推荐。

（2）虚拟主播直播。

虚拟主播在直播中展示服装的款式、面料、穿着效果等细节，并实时回答用户的问题。虚拟主播的外观、声音和动作都经过精心设计，以模拟真实主播的直播效果。

（3）互动与优惠。

在直播过程中，虚拟主播通过互动游戏、抽奖等方式吸引用户参与，并提供了优惠和专属折扣，激发用户的购买欲望。

（4）数据监测与优化。

团队对直播过程中的观看人数、互动率、转化率等数据进行实时监测和分析。根据数据反馈，他们不断优化直播内容、推荐策略和优惠活动，以优化直播效果。

2. 总结

经过试验，该服装品牌的 AI 直播电商模式取得了显著成果。观看直播的用户数量大幅增加，转化率也有所提升。与真人主播相比，虚拟主播的直播更加灵活，可以覆盖更多用户群体。此外，AI 技术的引入还降低了人力成本，提高了运营效率。

通过智能选品、虚拟主播直播、互动优惠和数据监测等策略，AI 直播电商模式能够为用户提供更加个性化、高效的购物体验。然而，虚拟主播仍然需要不断优化和改进，以提高其给人的真实感和亲和力。同时，电商平台也需要考虑如何在应用 AI 技术的同时给用户提供良好的体验，以实现可持续发展。

归纳与提升

直播电商有多个平台，不同直播电商平台有不同的发展模式。主流直播电商平台案例选取了典型的三个平台：抖音、天猫和小红书。抖音是短视频平台，天猫是电商交易平台，小红书是社交平台，三个平台具有不同的属性，但都以直播电商为主流发展方式。小米、波司登和董某的三个案例可以反映出，不同的企业或品牌需要匹配不同属性的直播电商平台，才能获得更好的推广营销效果。融媒体下的直播电商案例选取了三种典型模式：电商直播 + 整合营销、电商直播 + 传统媒体、电商直播 + 新技术。其中以美的空调电商直播为例，揭示了直播平台通过线上 + 线下的整合营销模式，达到综合的营销效果；以 TVB 直播电商为例，揭示了传统电视媒体充分发挥艺人 IP 的优势，叠加电商直播，可以快速吸引粉丝，并实现商业化变现。AI 直播电商能够提供 24 小时不间断的直播服务，满足消费者在任何时间段的购物需求。这种全天候的便利性是传统直播难以比拟的。相比传统真人直播，AI 直播不用真人主播，节省了人力成本。同时，通过算法精准推送商品和营销信息，提高了销售转化率，进一步提升了电商效益。通过 AI 技术，直播电商能够实现更加个性化、智能化的商品推荐和营销，有效提高销售转化率和客户满意度。

名词解释

融媒体直播电商；AI 直播

复习思考题

一、单项选择题

1．小米在抖音直播电商中主要突出了（　　　）。

　　A．价格优势　　　　B．科技优势　　　　C．营销优势　　　　D．渠道优势

2．波司登在天猫直播电商中采取的主要策略不包括（　　　）。

　　A．全域直播模式　　B．差异化营销　　　C．低价策略　　　　D．货品分层运营

3．TVB 在抖音电商直播中主打的是（　　　）。

　　A．低价策略　　　　　　　　　　　　B．港剧情怀腔调

　　C．高端品牌　　　　　　　　　　　　D．限时抢购

二、多项选择题

1．小米在抖音直播电商中的策略包括（　　　）。

　　A．突出科技优势　　　　　　　　　　B．优质直播内容

　　C．维护品牌形象　　　　　　　　　　D．低价策略

2．TVB 在抖音电商直播中的特点包括（　　　）。

　　A．自带情怀流量　　　　　　　　　　B．首创港剧式直播

　　C．低价策略　　　　　　　　　　　　D．直播矩阵

3．AI 直播电商相比传统直播电商的优势包括（　　　）。

　　A．24 小时不间断直播　　　　　　　　B．个性化推荐

　　C．提高销售转化率　　　　　　　　　D．真实感强

三、判断题

1．小米在抖音直播电商中主要采用的是低价策略。（　　　）

2．董某在小红书直播电商中主要采用的是催单话术。（　　　）

3．美的空调在电商直播中通过降低产品价格来增强用户的购买意愿。（　　　）

4．TVB 在抖音电商直播中主打的是高端品牌策略。（　　　）

四、简答题

1. 简述小米在抖音直播电商中的主要策略及其成功因素。
2. 阐述美的空调在电商直播中采取的整合营销策略及其效果。
3. 分析 TVB 在抖音电商直播中的成功因素及其借鉴意义。

五、案例分析题

某地区盛产优质红薯，但由于地理位置偏远和市场信息不对称，当地农民面临红薯销售难题。为了解决这个问题，当地政府决定与一家知名的电商平台进行合作，开展农货产销对接项目。请根据以下情况，对农货产销对接案例进行分析。

调研分析：首先，你需要对当地红薯的种植情况、产量、品质以及市场需求进行详细调研。请列出调研的关键点和可能遇到的问题。

策略制定：基于你的调研结果，制定一套农货产销对接的策略。考虑如何利用电商平台的优势来解决销售难题，并提出具体的操作步骤。

实施计划：制订一份详细的实施计划，包括与电商平台的合作模式、产品上架流程、营销推广策略以及物流配送方案等。请确保计划具有可行性和可持续性。

风险评估与应对：分析在实施农货产销对接过程中可能遇到的风险和挑战，并提出相应的应对措施。

效果评估与改进：设定合理的评估指标，用于衡量农货产销对接项目的效果。根据评估结果，提出改进意见，以确保项目的长期成功。

场景实训

一、使用 AIGC 工具制定直播电商平台运营策略与风险防范方案

1. 明确使用目的

使用 DeepSeek 为企业乐享直播平台制定一套可参考的直播电商平台运营策略与风险防范方案。乐享直播是一个专注于多品类商品销售的直播电商平台，希望通过科学的运营策略和有效的风险防范，提升直播效果，实现销售目标的快速增长，并强化品牌形象。

2. 明确运营策略与风险防范目的

此次直播电商平台运营策略与风险防范方案的制定，旨在通过分析主流直播电商平台和融媒体下的直播电商平台案例，掌握其运营特点，提出针对性的运营策略与风险防范措施，确保直播电商活动的顺利进行，提高销售转化效率，保障消费者权益，维护直播电商行业的良好秩序。

3. 确定要求

根据使用目的和运营策略与风险防范目的，结合直播电商行业的特性和乐享直播的实际需求，提出以下具体要求。

企业背景：乐享直播，一个专注于多品类商品销售的直播电商平台，拥有广泛的商品线和稳定的用户基础。

运营策略与风险防范目标：通过科学的运营策略和有效的风险防范，提升直播效果，实现销售目标的快速增长，并强化品牌形象。

具体要求：请使用 DeepSeek 工具为乐享直播量身定制一套直播电商平台运营策略与风险防范方案，该方案需涵盖主流直播电商平台案例分析、融媒体直播电商平台案例分析、运营策略制定、风险防范措施制定以及方案整合与优化等关键环节。

4. 发送要求并获取方案

打开 DeepSeek 页面，在文本框中输入上述要求，并按"Enter"键发送，如图 8-2 所示。

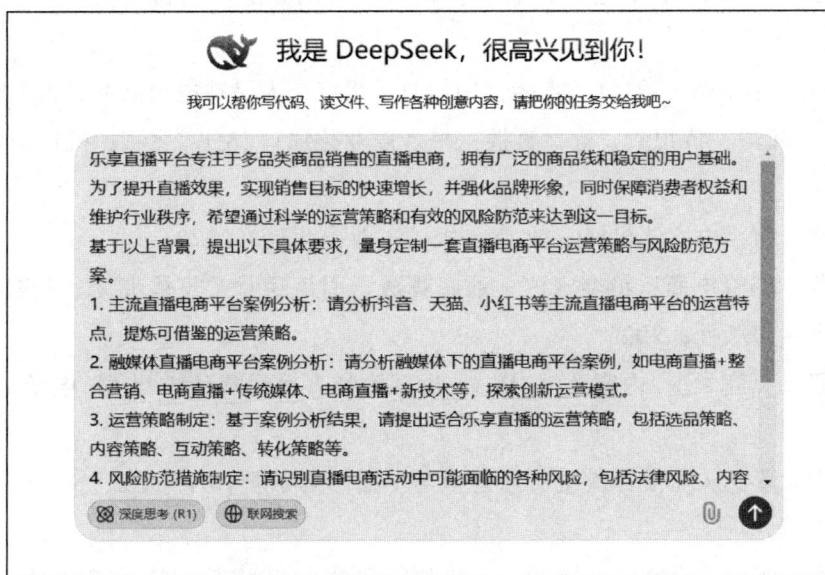

图 8-2　使用 AIGC 工具制定直播电商平台运营策略与风险防范方案

二、分析某直播电商企业的运营情况

【实训目标】

1．掌握直播电商运营的模式与策略；

2．了解直播电商运营过程中存在的风险；

3．把握直播电商未来的发展趋势。

【实训内容】

调研一家电子商务企业，分析该企业直播电商的运营情况。

【实训要求】

1．通过对企业直播电商运营流程的分析，发现其中存在的风险；

2．针对企业在直播电商运营过程中存在的问题提出建议，增强企业直播电商的运营效果。

参考文献

[1] 范鹏. 新零售：吹响第四次零售革命的号角 [M]. 北京：电子工业出版社，2018.

[2] 刘望海. 新媒体营销与运营：从入门到精通（微课版）[M]. 北京：人民邮电出版社，2018.

[3] 王怀明. 组织行为学：理论与应用 [M]. 北京：清华大学出版社，2014.

[4] 严正，卜安康. 胜任素质模型构建与应用 [M]. 北京：机械工业出版社，2011.

[5] 李医群. 跨境电商职业能力与发展 [M]. 北京：中国海关出版社有限公司，2019.

[6] 劳帼龄. 电子商务安全与管理 [M]. 3 版. 北京：高等教育出版社，2016.

[7] 高长利，李伟东，郭春光. 直播营销：互联网经济营销新思路 [M]. 广州：广东经济出版社，2017.

[8] 勾俊伟，张向南，刘勇. 直播营销 [M]. 北京：人民邮电出版社，2017.

[9] 李亚，武洁，黄积武，等. 直播：平台商业化风口 [M]. 北京：机械工业出版社，2016.

[10] 杨浩. 直播电商 2.0[M]. 北京：机械工业出版社，2020.

[11] 全权. 抖音电商：精准定位 + 通晓算法 + 引流运营 + 直播带货 + 橱窗卖货 [M]. 北京：清华大学出版社，2020.

[12] 阿里巴巴商学院. 内容营销：图文、短视频与直播运营 [M]. 北京：电子工业出版社，2019.

[13] 淘宝大学达人学院. 淘宝直播运营与主播修炼手册 [M]. 北京：电子工业出版社，2017.

[14] 姚岗，王璐. 内容电商运营：文案创作 图文内容 爆款视频 淘宝直播 [M]. 北京：人民邮电出版社，2020.

[15] 吴航行，李华. 短视频编辑与制作（视频指导版）[M]. 北京：人民邮电出版社，2019.